NORA KIRCHER

EDELSTEIN-AKUPRESSUR

Schmerzfrei und gesünder mit dem Kristall-Stab

NEUE ERDE

Hinweis

Die in diesem Buch gemachten Aussagen und Empfehlungen können die professionelle Hilfe von Ärzten oder Heilpraktikern nicht ersetzen. Die Autorin hat nach bestem Wissen und Gewissen recherchiert. Sie gibt den neuesten Wissensstand bei der Veröffentlichung der Originalausgabe wider. Eine Haftung der Autorin, des Verlages, oder seiner Beauftragten für etwaige Personen-, Sach-, oder Vermögensschäden ist ausgeschlossen.

Stellungnahme des Verlages:
Warum wir an der »alten« Rechtschreibung festhalten

Wir halten die »neue« Rechtschreibung für eine Fehlgeburt, und das konnte auch gar nicht anders sein, weil der Ansatz der Reformer war, das Schreiben einfacher zu machen. Wir als Verlag veröffentlichen unsere Bücher aber für Sie, liebe Leserin/lieber Leser - Sie sollen es als Leser einfach haben. Das Lesen und das Verständnis ist bei vielen Regeln der »alten« Rechtschreibung einfacher und klarer. (Denken Sie nur einmal, daß nach der neuen Rechtschreibung, zwei Autoren kein Buch mehr zusammenschreiben können, es hieße dann immer, sie hätten es zusammen geschrieben, auch wenn sie es zusammengeschrieben haben.) Im übrigen sind die neuen Regeln nun auch nicht eben frei von Widersprüchen. Auf Wunsch senden wir Ihnen gerne ein ausführliches Info mit den wichtigsten Ungereimtheiten am »Neuschrieb«.

1 2 3 4 5 6 7 17 16 15 14 13 12 10 09 08 07 06 05 04

Nora Kircher
Edelstein-Akupressur
mit Fotos von Christopher Cornwell
Neue Erde, Saarbrücken 2004

Titelseite: Dragon Design, GB
unter Verwendung eines Fotos von Christopher Cornwell
Satz und Typo: Dragon Design
Gesetzt aus der Berkeley
Gesamtherstellung: Legoprint, Lavis

Printed in Italy

ISBN 3-89060-072-7

NEUE ERDE Verlag GmbH
Cecilienstr. 29 · 66111 Saarbrücken · Deutschland · Planet Erde
info@neueerde.de · www.neueerde.de

Inhalt

Therapien von Kopf bis Fuß

Anhang

Vorwort

In den Augen, im Gesicht, an den Fußsohlen und an den Ohren spiegelt sich der ganze Körper wider. So kann der Geübte Krankheiten in den Augen und im Gesicht erkennen, mit Fußreflexzonenmassage Krankheiten lindern oder mit Akupunkturnadeln Leiden des Körpers an der Ohrmuschel behandeln.

Die Fußreflexzonenmassage wird traditionell mit den Händen durchgeführt. Genausogut können dafür Edelstein-Massagestäbe angewendet werden. Mit der stumpfen Seite werden die entsprechenden Areale an der Fußsohle massiert.

Die Behandlung mit Nadeln an der Ohrmuschel – die Ohrakupunktur – darf nur von Therapeuten durchgeführt werden, die eine entsprechende Ausbildung haben.

Mit dem Edelsteinstab können Sie aber sich selbst oder Ihren Familienangehörigen gut helfen. Dieser Stab läßt sich auch einfach in der Handtasche oder im Reisegepäck mitnehmen, Sie haben damit stets etwas zur Hand, womit Sie Leiden lindern können. Mehr dazu später.

Auch wenn es verlockend ist, Menschen, die nicht zu Ihrer Familie gehören, auf diese nebenwirkungsfreie Art zu helfen, ist es Ihnen nicht gestattet, es sei denn, Sie sind Heilpraktiker/in, Hebamme, Arzt oder Ärztin.

In meine Praxis kommen Menschen mit den unterschiedlichsten Beschwerden, und fast allen kann ich mit der Ohrakupressur helfen. Dabei verwende ich entweder ein Softlasergerät oder Edelstein-Massagestäbe. Alle meine Lehrbücher zum Thema Ohrakupunktur stehen fast ungelesen im Bücherregal, denn ich habe eine Abbildung gefunden, die zeigt, daß der Mensch in »Embryostellung« über Kopf im Ohr wiedergegeben ist. Dadurch habe ich schnell gelernt zu erkennen, an welcher Stelle im Ohr welcher Körperteil zu finden ist.

Bei meiner Arbeit als Dozentin freue ich mich jedesmal über die schnellen Therapieerfolge meiner Student/inn/en und fühle mich mit meiner Methode bestätigt.

Sie werden sehen, wenn Sie das Grundprinzip verstanden haben und ein bißchen in Übung sind, werden Sie viel Freude mit Ihrem Edelsteinstab haben. In der Zeit, in der Sie ihn nicht nutzen, muß er nicht in einer Schublade versteckt werden, denn er sieht auch noch sehr dekorativ aus.

Die von mir in diesem Buch vorgeschlagenen Begleittherapien lassen sich natürlich ergänzen. Weil aber das Hauptthema dieses Buches der Edelsteinstab ist, gebe ich nur wenige, aber oft sehr hilfreiche naturheilkundliche Tips.

Wenn Sie in den Anwendungen Anweisungen wie 20 bis 30 Sekunden lesen, so müssen Sie dafür nicht auf eine Stoppuhr schauen. Zählen Sie es aus, denn so sekundengenau muß es nicht sein.

Einleitung

Edelsteinstab

Der Edelsteinstab, oder auch Kristallspitze beziehungsweise Edelsteinspitze genannt, bündelt seine Energie in der Spitze des Steins und etwas breitflächiger an der flachen Seite. Diese Energie ist bei jedem Stein unterschiedlich intensiv. Außerdem haben verschiedene Edelsteinspitzen, aus gleicher Steinart, auch leicht variierende Wirkungen. Deshalb kann ich nur ungefähre Richtlinien für die Wirkung unterschiedlicher Steinarten beschreiben.

Grundsätzlich können Sie aber alle Behandlungen mit jeder Steinart durchführen. Theoretisch kann man die Ohrakupressur auch mit einem Zahnstocher oder einem ähnlich spitzen Gegenstand durchführen. Hierbei fehlt aber die starke und positive Energie der Edelsteine. Bei einem Edelstein genügt oft schon das sanfte Berühren der zu behandelnden Stelle. Mit einem anderen spitzen Gegenstand wäre ein schmerzhaftes längeres Stimulieren des Punktes nötig, was aber möglicherweise immer noch nicht diese gute Wirkung zeigt.

Achten Sie beim Kauf darauf, daß der Stein eine stumpfe und eine spitze Seite hat, die weder abgebrochen noch abgerundet sein darf.

Wenn Sie mit einem Edelstein arbeiten, sollten Sie auf die Echtheit der Steine achten um einen optimalen Therapieerfolg zu erreichen.

Mehr zum Thema echte Steine finden Sie in dem Buch: *Geschönte Steine* von *Bernhard Bruder*. Wenn Sie mehr über die Heilwirkungen der verschiedenen Edelsteine wissen möchten, finden Sie ausführliche und fundierte Beschreibungen in den Büchern von *Michael Gienger*. Alle erschienen im *Neue Erde*-Verlag.

Steinreinigung

Nach jeder Behandlung sollte der Edelsteinstab mit Wasser gereinigt werden. Eine gelegentliche energetische Reinigung auf Salz, in der Sonne oder unter fließendem Wasser ist sinnvoll. Am einfachsten ist es, den Stein in eine mit Salz gefüllte Schale zu legen. Nach ein paar Stunden ist der Stein energetisch sauber. Das Salz kann viele Male benutzt werden. Steine dürfen nicht zu lange in der Sonne liegen, meistens genügen schon ein paar Stunden auf der Fensterbank. Sofern Sie mit einem Pendel oder der Einhandrute umgehen können, sollten Sie den Erfolg der Reinigung damit überprüfen. Dazu später mehr.

Amethyst

Dieser violette, halbdurchsichtige Edelstein wird oft als spirituell empfunden und auf Grund der schönen, teilweise intensiven Farbe, von vielen Menschen geliebt. Amethyste strahlen Ruhe aus. Unruhe im Körper fördert Verspannungen der Muskeln, mit Folgebeschwerden wie Kopf- oder Rückenschmerzen. Aber auch Schmerzen, meist durch Entzündungen, müssen »beruhigt«, also gelindert werden. Der Amethyst ist ein wichtiger Heilstein, denn beinahe alle Krankheiten sind mit Schmerzen verbunden. Sogar eine heftige Bronchitis kann sehr schmerzhaft sein.

Seine ruhige Ausstrahlung fördert auch den Schlaf und besänftigt die Seele.

Aventurin

Der Aventurin ist ein beliebter Stein, den vor allem viele Kinder mögen. Sein zarter Glimmer gibt ihm eine interessante Struktur und eine schöne Leichtigkeit. Seine hell- bis mittelgrüne Farbe erinnert an den von uns allen geliebten Frühling. Grün ist die wichtigste Farbe in der Natur. Wenn wir einen Spaziergang in der grünen Natur machen oder uns dort aufhalten, gibt uns das Kraft, harmonisiert und entspannt uns.

Den Aventurin können Sie unter anderem zur geistigen Entspannung und zur Schmerzlinderung, für das Herz und die Lunge einsetzen.

Bergkristall

Bergkristalle, vor allem klare, geben eine starke Energie ab. Energie ist nötig bei Schwäche durch Krankheiten und Lähmungserscheinungen. Durchsichtige Bergkristalle sorgen für Klarheit – sie reinigen nicht nur den Geist, sondern auch den Körper. Eine »Reinigung«, beispielsweise von Keimen, ist bei jeder Krankheit wichtig. Schon die alten Griechen sprachen dem Bergkristall die Kraft der Krankheitsvertreibung zu.

Fluorit

Der mehrfarbige, fast transparente Edelstein, wird gerne als »Lernstein« benutzt. Violette, grüne und teilweise weiße Strukturen sind in jedem Stein nebeneinander und verbunden. Möglicherweise fördert deshalb der Fluorit die Zusammenarbeit der beiden Hälften des Großhirns, denn die rechte Hälfte ist für die Kreativität und die linke für das abstrakte logische Denken zuständig. Die Zusammenarbeit ist oft gestört, aber wichtig für die meisten Denkvorgänge.

Der Fluorit hat eine heilende Wirkung für die Haut und die Schleimhäute. Schleimhäute sind im Mund und in allen inneren Hohlorganen, wie beispielsweise in der Speiseröhre, im Magen-Darmtrakt und in den Atmungsorganen.

Heliotrop

»Gegensätze ziehen sich an«, ein Sprichwort, das auf diesen Stein zutrifft. Der überwiegend kräftig grüne Stein enthält komplementäre, also rote Tupfer. Wer kräftige Farben mag, wird diesen Stein sehr mögen.

Der Heliotrop erinnert an die noch grüne Sommerzeit, in der es rote Beeren gibt. Rot gibt Kraft, Wärme und Feuer, und grün stärkt uns, wie nach einem Aufenthalt im Grünen. Rot ist unser Blut. Unser Blut enthält lebenswichtiges Eisen – Eisen ist im roten Anteil des Steins.

Verwenden Sie den Stein bei Menstruationsproblemen, zur Entspannung, zur Regeneration und zur Abwehrsteigerung.

Rosenquarz

Rosenquarze werden wegen der transparenten Farbe Rosa vor allem von Mädchen und Frauen geliebt, die das Zarte bevorzugen.

Rot wie Blut und weiß wie Klarheit, aus diesen Farben wird Rosa. Krankes Gewebe muß gut durchblutet werden, denn im »roten« Blut sind unsere Abwehrstoffe (weiße Blutkörperchen) zur »Reinigung« (weiß) desselben. Rosenquarz fördert also die Durchblutung des Gewebes. Wenn die Energie des Bergkristalls als zu stark empfunden wird, ist der Rosenquarz eine gut Alternative.

Gerne wird er auch gegen Menstruationsbeschwerden eingesetzt.

Rutilquarz

Der Rutilquarz ist ein Bergkristall mit Titaneinschlüssen.

Im Rutilquarz ist die Kraft des Bergkristalls, verbunden mit der Reinheit und Stärke des Titanoxids. Die Unterscheidung zum Bergkristall ist einfach, denn ans Licht gehalten, können Sie die feinen gelben oder orangefarbenen Titannadeln im Stein erkennen, die den Stein zu stabilisieren scheinen. Man könnte auch meinen, sie tanzen fröhlich. Manchmal sind die Nadeln auch goldgelb, kupferrot oder in Zwischentönen.

Der Rutilquarz löst Spannungen, wirkt stimmungsaufhellend und gibt Stabilität. Die Nadeln sind zahlreich im Stein verzweigt, wie Bronchien im Lungengewebe – entsprechend kann der Rutilquarz bei Bronchialerkrankungen eingesetzt werden.

Übrigens: Reines Titan wird in der orthopädischen Medizin und in der Brillenindustrie angewendet, denn es ist »unverwüstlich«.

Sodalith
Der dunkelblaue, undurchsichtige, gelegentlich mit weißen Adern durchzogene Edelstein vermittelt durch seine kräftige Farbe Selbstbewußtsein und zeigt nicht sein Inneres. Selbstbewußtsein kann Ruhe vermitteln. Seine blaue Farbe wirkt ebenfalls beruhigend und kühlend. Beruhigung wird bei Schlaflosigkeit und Kälte wird bei Fieber und Entzündungen benötigt.

Schmerz als Warnung

Die meisten Krankheiten sind mit Schmerzen verbunden. Das hat auch einen guten Grund, auch wenn das zynisch klingt. Aber Schmerzen sorgen dafür, daß wir uns schonen und etwas gegen den Schmerzauslöser unternehmen. Schmerzen warnen uns beispielsweise vor Verletzungen. Wenn wir mit den Fingern etwas heißes anfassen, warnt uns der Schmerz vor noch schlimmeren Verbrennungen. Ohne zu denken funktionieren unsere Reflexe, wir lassen das Heiße sofort los.

Schmerzen warnen uns auch vor Entzündungen. Schon geringe Entzündungen in einem Gelenk können extrem weh tun. Wäre das nicht der Fall, würden wir das Gelenk so lange weiter belasten, bis es zerstört und unbrauchbar ist.

Krankheiten, die keine Schmerzen auslösen, wie zum Beispiel ein zu hoher Blutzucker- oder Cholesterinspiegel, zeigen uns die Folgen der fehlenden Warnung. Die Störungen des Körpers werden oft erst entdeckt, wenn schon Dauer- oder Folgeschäden aufgetreten sind.

Die meisten schmerzenden Krankheiten sind mit Entzündungen verbunden. In der medizinischen Fachsprache enden die Namen dafür mit: »itis«. Ihnen sicher bekannte Beispiele sind: Bronchitis (Bronchialschleimhautentzündung), Sinusitis

(Nasennebenhöhlenentzündung), Tonsilitis (Mandelentzündung) und Arthritis (Gelenkentzündung).

Für Entzündungen gibt es viele unterschiedliche Auslöser, beispielsweise Viren, Bakterien, Pilze, Toxine, Fremdkörper wie Dornen oder Splitter, Chemikalien, Gewebezerstörungen (Verletzungen), Allergien.

Fast jede Entzündung wird von den gleichen Beschwerden begleitet: Schmerzen, Rötung, Schwellung, Überwärmung und gestörte Funktionen.

Vor allem bei äußeren Entzündungen, wie zum Beispiel einem Wespenstich oder einer Nagelbettentzündung, haben Sie das sicher schon erlebt.

Diagnose

Bei unklaren oder länger andauernden Beschwerden muß selbstverständlich eine Diagnose gestellt werden. Wenden Sie sich dafür an einen Arzt, eine Ärztin oder an einen Heilpraktiker oder eine Heilpraktikerin.

Sie können, egal wie die Diagnose ausfällt, die Heilung aber gut mit einer Akupressur unterstützen.

Zu mir kommen viele Menschen, die schon eine lange Odyssee hinter sich haben. Eine gesicherte Diagnose ist oft nicht möglich. Mir auch nicht, aber ich kann trotzdem fast immer lindern oder sogar heilen. Bei meinen Therapien spielt die Akupressur meistens eine wichtige Rolle.

Wenn Sie auf einen Termin für eine Diagnose warten müssen, behandeln Sie bis dahin trotzdem mit dem Edelsteinstab. Vielleicht ist das Problem bis zum Termin erledigt.

Wenn Ihre Beschwerden in diesem Buch nicht erwähnt sind, suchen Sie in diesem Buch nach einer anderen Erkrankung am selben Organ oder Körperteil und führen Sie die Behandlung genauso durch. Solange Sie mit dem Edelsteinstab keine Verletzung herbeiführen – oder bei einem Anwendungsverbot behandeln –, können Sie nichts falsch machen.

Selbstheilungskräfte aktivieren

Die in diesem Buch beschriebenen Therapien lindern nicht nur die Schmerzen, sie regen auch den Körper an, mit dem Schmerzauslöser fertig zu werden.

Die Akupressur fördert die Durchblutung der erkrankten Körperstelle und sorgt damit für den Abbau der Substanzen im Gewebe, die Entzündungen verursachen.

Nicht immer reicht eine Behandlung mit einer Edelsteinspitze aus, sie unterstützt aber auf jeden Fall.

Natürlich kann man damit nicht schwere, teilweise unheilbare Krankheiten heilen, dafür aber in vielen Fällen die Beschwerden lindern.

Für die Behandlung einer Verletzung ist es unwichtig, ob es zum Beispiel eine Verstauchung, Prellung oder Bänderdehnung ist, die Akupressur mit dem Edelstein lindert und regt auf jeden Fall zur Selbstheilung an. Ich hatte in der Praxis schon häufig Patienten mit so heftigen Rückenbeschwerden, daß der Verdacht bestand, es könne sich um einen Bandscheibenvorfall handeln. In fast allen Fällen waren die Schmerzen nach einer Behandlung so viel besser, daß weitere Untersuchungen überflüssig wurden. Meistens genügten wenige Akupressuren zur vollständigen Genesung.

Bei akuten Krankheiten helfen oft schon wenige Behandlungen täglich oder mehrfach täglich. Bei chronischen Leiden kann eine regelmäßige Akupressur zweimal wöchentlich über einen längeren Zeitraum lindern oder sogar heilen.

Wie oft und wie lange, wird Ihnen der fortschreitende Erfolg zeigen.

Ganzheitliche Behandlung

Sicher haben Sie diese Aussage schon öfter gehört oder gelesen. Die ganzheitliche Behandlung ist eine wichtige Säule in der Naturheilkunde. Gemeint ist damit, daß nicht nur das Leid direkt behandelt wird, sondern der ganze Mensch. Nicht alle, aber viele Erkrankungen haben ihre Ursache nicht dort wo der Schmerz sitzt. Wird die Ursache nicht behandelt, wird der Mensch auch nicht wirklich gesund.

Ein einfaches Beispiel sind Kopfschmerzen bei Verspannungen – der Spannungskopfschmerz. Eine Schmerztablette hilft zwar vielleicht gegen den Schmerz, nicht aber gegen die Ursache. Solange diese nicht beseitigt wird, kommt es immer wieder zu Spannungskopfschmerzen. Aber auch Verspannungen haben eine Ursache, die behandelt werden muß.

Die Akupressur, für den ganzen Körper durchgeführt, ist eine Behandlung im ganzheitlichen Sinne.

Die Selbstbehandlung

Gerade die Ohrakupressur können Sie mit etwas Geschick und Übung an sich selbst durchführen. Erfahrungsgemäß ist die Wirkung aber oft besser, wenn die Behandlung von einer anderen Person durchgeführt wird.

Jeder Mensch reagiert anders, probieren Sie es also aus. Vielleicht klappt es sogar besser, wenn Sie es selbst durchführen, denn Sie können mit dem Stein exakt auf der Stelle bleiben, die schmerzt.

Die Fußreflexzonenmassage ist schwieriger, denn Sie kommen möglicherweise nicht gut an die Fußsohle.

Die Punkte in Daumennähe und im Gesicht können Sie gut selbst behandeln.

Die Haltung bei der Behandlung

Idealerweise sollte man dabei bequem sitzen oder liegen. Ich hatte aber schon Therapieerfolge in Situationen, in denen das Sitzen oder Liegen nicht möglich war, wie beispielsweise bei Übelkeit nach einer Landung mit dem Flugzeug. Wir führten die Ohrakupressur beim Warten auf das Gepäck, im Stehen, erfolgreich durch.

Die Behandlung der Punkte am Körper oder an den Füßen sollte im Liegen oder Sitzen durchgeführt werden. Gegenüber der Ohrakupressur hat beides den Nachteil, daß Kleidung beziehungsweise Schuhe erst ausgezogen werden müssen. Für ältere Menschen oft ein schwieriges, zeitraubendes Unterfangen. Denken Sie dabei nur an die Stützstrümpfe. Ohren hingegen müssen nicht ausgezogen werden.

Erstverschlimmerung

Zur Erstverschlimmerung nach eine Akupressur kann es gelegentlich kommen. Das bedeutet aber nicht, das die Therapie nicht helfen wird. Glücklicherweise passiert es selten. In den meisten Fällen reduziert sie sich auch bei jeder Behandlung. Lassen Sie sich also nicht davon abschrecken, sie ist eher ein gutes Zeichen: Die Therapie wird gut angenommen. Erstverschlimmerungen dauern auch nicht lange. Ich habe sie schon während der Behandlung erlebt und, etwas seltener, nach der Behandlung.

Während der Akupressur entsteht häufig ein Wärmegefühl im schmerzenden beziehungsweise kranken Körperteil. Auch kann es dort kribbeln.

Beides sind sehr gute Zeichen, und die Therapie wirkt gut.

Einen Behandlungsplan erstellen

Selten leidet man nur unter einem Problem. Sie können also durchaus mehrere Leiden in einer Sitzung behandeln. Suchen Sie sich eine oder zwei Therapieformen aus und überlegen Sie sich, was Sie alles behandeln möchten.

Markieren Sie in diesem Buch die entsprechenden Seiten mit einer eingesteckten Büroklammer. Sie können dann, ohne langes Blättern, die entsprechenden Seiten nacheinander aufschlagen und wissen schnell, wo Sie nach Punkten suchen müssen.

Vergessen Sie nicht, das Buch und einen Edelsteinstab auch mit auf Ihre Reisen zu nehmen.

Therapieformen

Ohrakupressur

Der Körper ist im Ohr, über Kopf stehend, wiedergegeben. Der Kopf spiegelt sich also beispielsweise im Ohrläppchen wider. Deshalb werden alle Beschwerden am Kopf auch dort behandelt. Dazu zählen nicht nur Kopfschmerzen, sondern auch Schnupfen und Zahnschmerzen.

Abb.: Darstellung eines etwa zwei Monate alten Embryos in der Ohrmuschel. Es ist zwar keine genaue Wiedergabe des Körpers in der Ohrmuschel, da sie aber ungefähr stimmt, ist sie als »Eselsbrücke« für das leichtere Verständnis und die Einprägung der Topographie ideal.

Ungeborene werden in den ersten zwei Monaten Embryo genannt. Sie haben noch einen überdimensional großen Kopf und kleine Extremitäten. Die Organe entstehen in dieser Zeit.

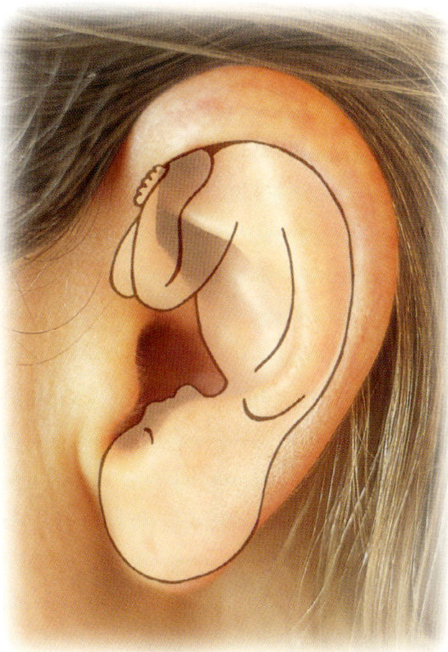

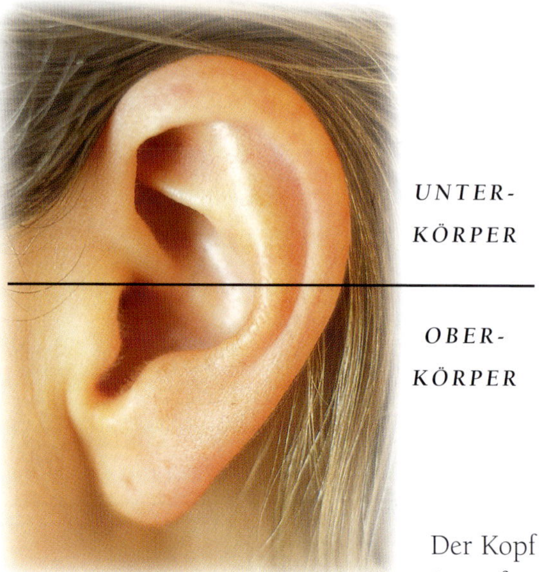

Teilt man das Ohr in eine untere und in eine obere Hälfte, kann man – abgesehen von Ausnahmen – sagen, daß die untere Hälfte die obere Körperhälfte darstellt und die obere Ohrhälfte die untere Körperhälfte.

Abb.: Der Oberkörper spiegelt sich im unteren Teil der Ohrmuschel wider und der Unterkörper im oberen.

Der Kopf spiegelt sich im Ohrläppchen. Im tiefer gelegene Teil der Ohrmuschel, befinden sich alle inneren Organe. Arme und Beine sind im Rest der Ohrmuschel verteilt. In den entsprechenden Kapiteln finden Sie die genauen Stellen.

Nachfolgende Zeichnung gibt Ihnen einen Überblick. Mit etwas Phantasie werden Sie bald auch ohne eine Zeichnung wissen, wo Sie die zu behandelnden Areale finden.

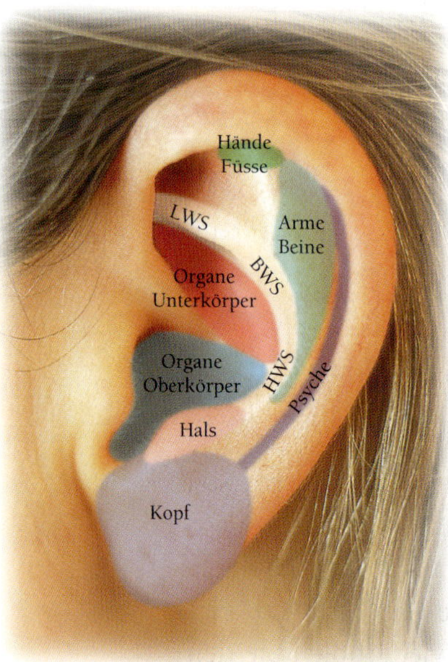

Abb.: Die wichtigsten Regionen des Körpers in der Ohrmuschel.

LWS = Lendenwirbelsäule (unterer Rücken)
BWS = Brustwirbelsäule (mittlerer Rücken)
HWS = Halswirbelsäule (oberer Rücken)

Durchführung

Die Regionen werden nicht einfach nur massiert. Das würde wenig hilfreich sein, denn es sind nur einzelne Punkte, die behandelt werden. Die Punkte am Ohr, die mit den kranken Stellen im Körper korrespondieren, sind schmerzempfindlich und haben einen veränderten Hautwiderstand. Die ganze Kunst der Ohrakupressur ist es also, diese Punkte ausfindig zu machen. Das kann für die Person, an der die Akupressur durchgeführt wird, auch einmal unangenehm sein.

Vor der Behandlung bitten Sie die Person, den Schmerz im Körper bewußt zu fühlen, denn zur Kontrolle des Behandlungserfolgs ist es wichtig, zu wissen, ob der Schmerz nachgelassen hat. Lassen Sie beispielsweise das schmerzende Gelenk einmal bewußt bewegen. Dabei soll der Schmerz in seiner Intensität gefühlt werden. Achten Sie auch auf die Beweglichkeit, die häufig in Folge der Schmerzen oder des Leidens eingeschränkt ist.

Bei den meisten Menschen muß man bei Beschwerden in der rechten Körperhälfte auch das rechte Ohr behandeln. Ich führe die Akupressur immer an beiden Seiten durch, allerdings an der betroffenen Seiten etwas länger und ausführlicher.

Nur selten werden Sie die betreffenden Punkte über Kreuz, also im anderen Ohr, finden.

Zum Behandeln nehmen Sie den Edelsteinstab in Ihre führende Hand, meistens rechts, und halten das Ohr mit den Fingern der linken Hand »sanft aber bestimmt« fest. Das darf natürlich nicht schmerzen. Überlegen Sie sich nun, welche Region Sie behandeln möchten und streichen Sie langsam und sanft mit der Spitze des Steins über diese Stellen. Achten Sie dabei auf die Mimik der behandelten Person oder lassen Sie sich sagen, wenn eine Stelle besonders schmerzhaft ist. Wenn Sie so keinen schmerzhaften Punkt finden, können Sie die in Frage kommenden Areale am Ohr mit der Spitze »betupfen«. Wenn immer noch kein Schmerz gespürt wird, wiederholen Sie den

Vorgang etwas weniger sanft. Das Ohrläppchen beispielsweise ist nicht so schmerzempfindlich wie der Rest der Ohrmuschel.

Wenn Sie einen schmerzenden Punkt ausfindig gemacht haben, verweilen Sie mit der Spitze für 10 bis 20 Sekunden an dieser Stelle. Nehmen Sie dann den Massagestab weg und lassen Sie zur Kontrolle das betroffene Gelenk wieder bewegen. Wenn eine geringe oder vielleicht sogar starke Verbesserung eingetreten ist, haben Sie eine gute Stelle gefunden. Gehen Sie erneut dorthin. Der Punkt läßt sich jetzt einfach erkennen, denn er hat eine kleine Delle und ist röter als die Umgebung. Halten Sie den Massagestab erneut mit der Spitze dorthin. Dabei darf es zwar unangenehm sein, sollte aber nicht zu stark schmerzen. Nach weiteren 10 bis 20 Sekunden können Sie wieder den Erfolg überprüfen. Wenn keine erneute Besserung eintritt, müssen Sie die Umgebung nach weiteren schmerzhaften Stellen absuchen. Solange aber an einer Stelle nach jeder Behandlung Besserung verspürt wird, müssen Sie diese Stelle weiter behandeln.

Dabei dürfen Sie die Haut nicht verletzen, und die Schmerzen am Ohr müssen gut zu ertragen sein. Wenn es einmal beim Suchen sehr heftig wehgetan hat, nehmen Sie den Massagestab sofort vom Ohr weg und lassen gleich das Gelenk bewegen, denn vielleicht hat diese kurze, heftige Behandlung während des Suchens schon ausgereicht. Bei leichteren Beschwerden kann das durchaus passieren.

Wenn Sie kein Gelenk, sondern beispielsweise Husten behandeln, fragen Sie zwischendurch, ob das Atmen besser ist oder ob der Druck auf der Brust nachgelassen hat. Mit etwas Übung werden Sie das aber selbst am Patienten beobachten können, denn die Atmung wird entspannter, tiefer und leiser.

Wenn Sie die richtigen Stellen finden und behandeln, tritt immer eine Besserung ein, mit Ausnahme der Behandlung von Kopfschmerzen. Leider hat man hier manchmal keinen Erfolg. Mehr dazu im entsprechenden Kapitel.

Sollte während der Behandlung eine seltene Erstverschlimmerung auftreten, arbeiten Sie weiter, die Beschwerden werden nachlassen.

Mit etwas Geschick ist eine Selbstbehandlung möglich.

Die Ohrakupressur kann sowohl im Sitzen als auch im Liegen durchgeführt werden.

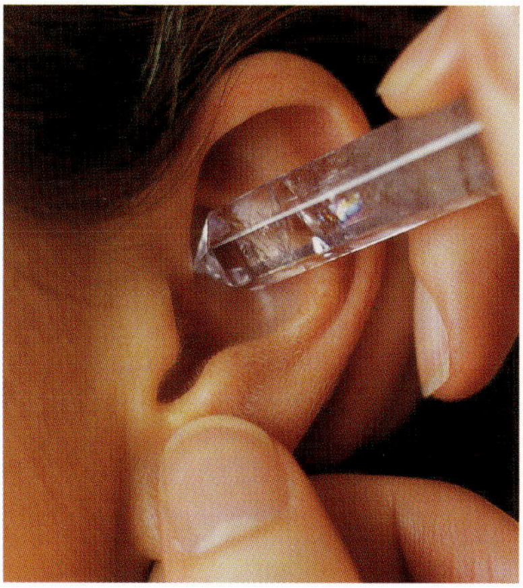

Abb.: Mit der linken Hand die Ohrmuschel festhalten und mit der rechten behandeln.

Anwendungsverbot

Kranke Hautstellen an der Ohrmuschel sollten bei der Behandlung umgangen werden oder dürfen nur sehr vorsichtig behandelt werden. Dabei dürfen keine Verletzungen auftreten.

Bei Schwangeren in den ersten drei Monaten den mit dem Unterleib korrespondieren Bereich im Ohr nicht behandeln.

Bei Säuglingen und kleinen Kindern nur sehr vorsichtig nach den Punkten suchen.

Epileptiker und andere Anfallkranke dürfen nicht von Laien behandelt werden.

Körperakupressur

Die gute Beherrschung der chinesischen Akupunktur erfordert ein jahrelanges Studium, und deshalb ist ihre Anwendung für den »Hausgebrauch« nur bedingt möglich.

Bei der Ohrakupunktur korrespondieren die kranken Stellen im Körper mit der Haut der Ohrmuschel, der Hautwiderstand ist verändert. Bei der Körperakupunktur haben immer alle Punkte einen veränderten Hautwiderstand. Dieser läßt sich mit Meßgeräten nachweisen. Das Finden der richtigen Punkte zum Behandeln unterschiedlicher Leiden ist deshalb eine große Kunst. Auch gibt es nicht so eine einfache Zuordnung wie bei der Ohrakupunktur. Einige wenige Punkte am Körper sind jedoch sehr gut zur Schmerzbehandlung geeignet.

Durchführung

Die relativ großen Punkte können nur sehr geübte Akupunkteure tasten. Sie müssen die Punkte anhand der Abbildungen ausfindig machen.

Die ausgewählten Punkte werden mit der Spitze des Edelsteinstabs, ohne die Verwendung eines Massageöls, behandelt. Dafür drückt man sanft, aber spürbar, den Stein auf die Stelle – man preßt die Stelle, daher der Name Akupressur. Akupunktur, auch an der Ohrmuschel, wird mit Nadeln durchgeführt.

Bei der Akupressur muß man sich etwas gedulden, denn jeder Punkt sollte 5 Minuten oder länger behandelt werden. Wie auch bei der Ohrakupressur kann man zwischendurch fragen, ob die Beschwerden nachlassen.

Körperakupressur, Ohrakupressur und Massage lassen sich, vor allem bei Rückenschmerzen, sehr gut kombinieren.

Anwendungsverbot

Kranke Hautstellen oder Leberflecken die sich auf dem jeweiligen Punkt befinden, dürfen nicht behandelt werden.

Bei Säuglingen und kleinen Kindern die Steinspitze nicht tief in das Gewebe drücken, ein leichtes Berühren genügt.

Epileptiker und andere Anfallkranke dürfen nicht von Laien behandelt werden.

Fußreflexzonen-Massage

In vielen Kulturen, auch hier in Mitteleuropa, gehört die Fußreflexzonenmassage noch heute traditionell zur Medizin. Nicht nur in Asien gibt es alte Aufzeichnungen, die diese Heilkunst beschreiben, auch die Mayas in Mexiko und in den anliegenden Ländern betrieben Fußreflexzonenmassage zur Heilung vieler Leiden.

Wenn Sie schon einmal in Thailand waren, werden Sie sich sicher an die vielen »Praxen« erinnern, die diese Therapie anbieten. Kurse zum Erlernen und Behandlungen finden Sie dort an »jeder Straßenecke«.

Sprachkenntnisse sind nicht erforderlich, denn gute Therapeutinnen – in Thailand sind es meistens junge Frauen – fühlen Ihre körperlichen Beschwerden unter der Fußsohle. Genau wie bei Ohrakupressur, sind die Stellen, die mit einem kranken Organ korrespondieren, auf Druck schmerzempfindlich. Wie an der Ohrmuschel spiegelt sich der Körper in der Fußsohle wider.

Der Kopf ist an den Fußzehen, es folgen dann Brustorgane, also Speise- und Luftröhre, Bronchien, Lunge, Herz, Thymus und das Zwerchfell.

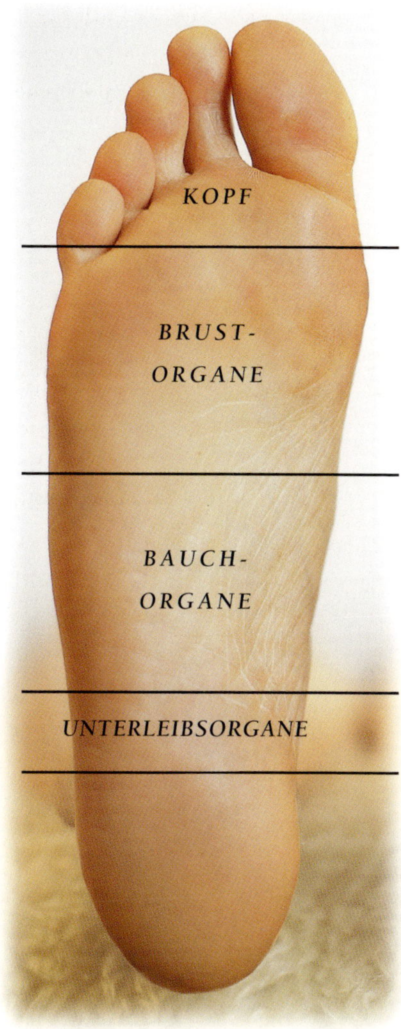

Abb.: Die Regionen des Körpers spiegeln sich in der Fußsohle.

Im weiteren Verlauf sind alle Bauchorgane angeordnet: Leber mit Galle, Magen, Milz, Bauchspeicheldrüse, der Dick- und Dünndarm und natürlich auch die Nebennieren und Nieren.

Danach kommen die Organe des Unterleibs, also die Geschlechtsorgane und die Harnblase.

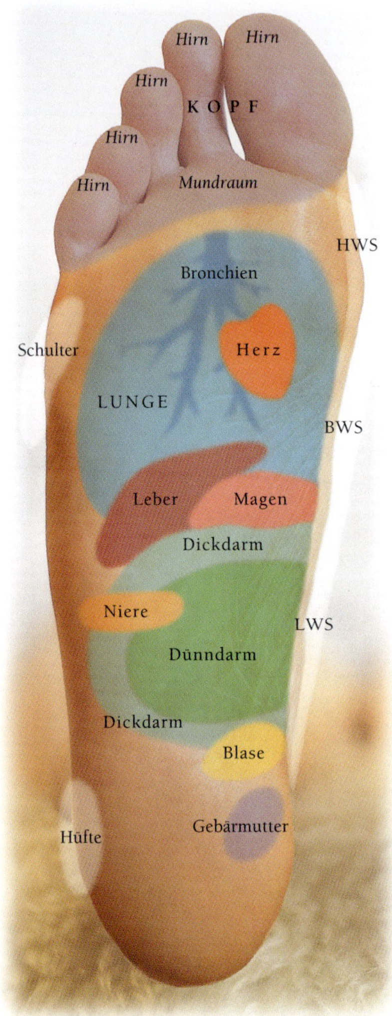

HWS = Halswirbelsäule (oberer Rücken)
BWS = Brustwirbelsäule (mittlerer Rücken)
LWS = Lendenwirbelsäule (unterer Rücken)

Paarige Organe, also Lungenflügel, Nieren, Nebennieren und Teile der Geschlechtsorgane, sind in beiden Fußsohlen gleichermaßen vertreten. Alle anderen Organe sind zwar auch in beiden, aber verstärkt an der Seite, an der sie sich befinden, das Herz ist also mehr im linken und die Leber mehr im rechten Fuß.

Abb.: Mit etwas Phantasie kann man erkennen, daß der Körper mit seinen inneren Organen auf der Fußsohle repräsentiert ist. Stellt man sich beim Behandeln den Körper im Fuß vor, muß man nicht immer auf Abbildungen schauen, um ein Organ zu finden.

Behandeln Sie nur mit der stumpfen Seite des Edelsteinstabs. Dabei werden zuerst die schmerzhaften Stellen gesucht und dann massiert. Für den Behandlungserfolg ist es nicht nötig, daß die Massage stark schmerzen muß. Seien Sie behutsam, die Fußreflexzonen Massage dient vor allem zum allgemeinen Wohlbefinden. Sollte während der Behandlung eine seltene Erstverschlimmerung auftreten, arbeiten Sie weiter am Fuß, die Beschwerden werden nachlassen.

Durchführung

Behandeln Sie grundsätzlich beide Fußsohlen.

Bei Bedarf die Füße vor der Behandlung warm abwaschen. Der Fuß, der nicht behandelt wird, muß in ein wärmendes Handtuch gewickelt werden. Gearbeitet wird ohne Massageöl.

Bitten Sie die Person, die Sie behandeln – genau wie bei der Ohr- und Körperakupressur – die Schmerzen bewußt zu »fühlen«, denn dann können Sie den Behandlungserfolg überprüfen.

Fassen Sie zuerst mit der linken Hand den Fuß, den Sie behandeln wollen, an und geben Sie ihm Halt. Nehmen Sie nun den Stein in die rechte Hand und reiben Sie, mit der stumpfen Seite, über die Fußsohle. Suchen Sie dabei gezielt die Organbereiche nach schmerzempfindlichen Stellen ab. Die so gefundenen Stellen werden dann mit kreisenden Bewegungen ein paar Sekunden massiert.

Eine schwache Massage regt an und eine starke hemmt. Bei Verstopfung beispielsweise darf also nur sanft manipuliert werden, denn die Darmbewegung soll angeregt werden. In diesem Fall ist auch die Massagerichtung wichtig, aber dazu mehr im entsprechenden Kapitel.

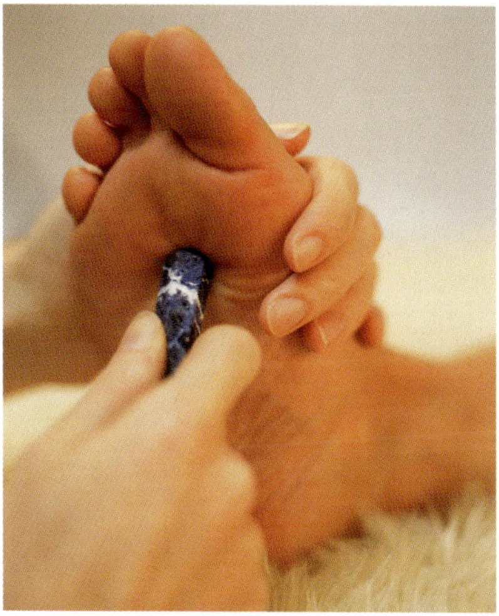

Abb.: Die linke Hand gibt dem Fuß den für die Behandlung nötigen Halt. Der Edelsteinstab wird wie ein Schraubenzieher gehalten.

Eine ganzheitliche Behandlung sollte etwa 30 Minuten an beiden Fußsohlen durchgeführt werden. Bitten Sie zwischendurch die Person, die Sie behandeln, den Schmerz noch einmal bewußt zu spüren. Lassen Sie sich sagen, ob eine Besserung eingetreten ist.

Nach der Behandlung können die Füße noch mit einem angenehmen Massageöl eingerieben werden, was aber eine Ruhepause zum Einziehen des Öls in die Haut erfordert. Bei akuten Beschwerden einmal bis mehrfach täglich oder alle zwei Tage und bei chronischen zweimal wöchentlich über einen längeren Zeitraum behandeln.

Mit etwas Geschick ist eine Selbstbehandlung möglich.

Anwendungsverbot

Kranke Hautstellen, auch Warzen, sollten bei der Behandlung umgangen werden. Behandeln Sie nicht bei Fußpilz, denn möglicherweise verreiben Sie auf der Haut vorhandene Sporen an anderen Stellen tief in die Haut, die dann erkranken können.

Vorsicht bei Schwangeren, sie sollten in den ersten drei Monaten nicht im Unterleibsbereich behandelt werden.

Epileptiker und andere Anfallkranke dürfen nicht von Laien behandelt werden.

Massageöle

Jede Massage sollte mit einem guten Massageöl durchgeführt werden. Hierfür gibt es eine große Auswahl Körperöle von der Firma Weleda (Apotheke, Drogerie, Reformhaus, Bioladen). Die beiden Öle der Firma Liebermann: Dolo-cyl Öl und OleoTherm Muskelöl (Apotheke) sind sehr gut gegen Muskelverspannungen.

Massageöle lassen sich auch ganz einfach selbst herstellen. Wenn Sie Johanniskraut im Garten haben, pflücken Sie im Frühsommer die Blüten und legen Sie sie, nach dem Trocknen, für drei Wochen in ein Basisöl ein. Dafür sind alle guten kaltgepreßten Speiseöle (außer Rapsöl) und Jojobaöl geeignet.

Schneller herzustellen und ebenfalls sehr wirkungsvoll sind folgende Rezepturen:

Salzmassageöl

- 1 Eierbecher Jojoba- oder Speiseöl
- $1/4$ TL Salzpulver (Kristallsalzpulver)
- Das Öl im Wasserbad erwärmen und das Salz darin auflösen.

Eine entsprechend größere Menge kann in einer Glasflasche bevorratet werden.

Entspannungs-Massageöl

- 1 Eierbecher Jojoba- oder Speiseöl
- 3 - 5 Tropfen Lavendelöl

Die genaue Menge des ätherischen Öls können Sie selbst entscheiden. Lavendel hat eine beruhigende Wirkung und ist für die Haut gut.

Das Basisöl einfach mit dem ätherischen Öl vermischen.

Muskel- und Gelenköl

- 1 Eierbecher Jojoba- oder Speiseöl
- 10 Tropfen Rosmarinöl
- 5 Tropfen Thymianöl
- 5 Tropfen Weihrauchöl

Rosmarin und Thymian regen die Durchblutung an, und Weihrauch wirkt entzündungshemmend.

Das Basisöl einfach mit den ätherischen Ölen vermischen.

Erholungs-Massageöl

- 1 Eierbecher Jojoba- oder Speiseöl
- 1 - 2 Tropfen Rosenöl, Litsea cubea oder ein anderes Lieblingsöl

Mit Rosenöl können Sie jeden verwöhnen. Verwenden Sie als Basisöl entweder Jojobaöl, Mandelöl oder Erdnußöl, denn alle drei haben fast keinen eigenen Geruch.

Das Basisöl einfach mit den ätherischen Ölen vermischen.

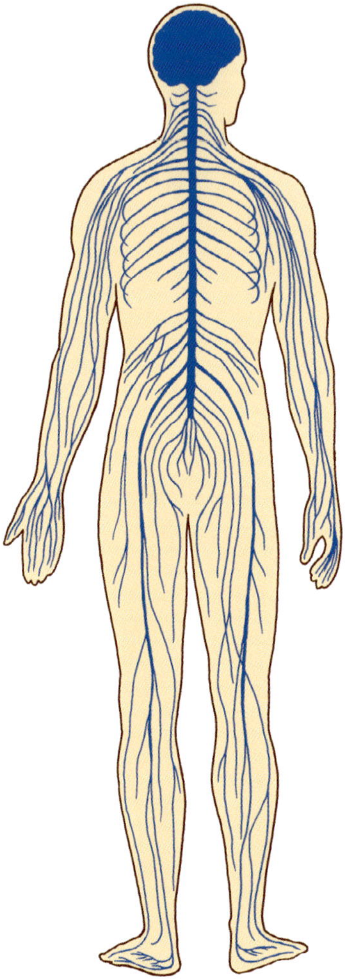

Abb.: Die Hauptnerven des peripheren Nervensystems des Menschen von hinten gesehen.

Weitere Rezepte finden Sie in meinen Büchern: »Heilen, pflegen, kochen mit Speiseölen« und »Kristallsalz aus dem Himalaya«.

Massagen

Mit Edelstein-Massagestäben können verschiedene, meist kleinflächige Massagen durchgeführt werden. Auch hier spielt die positive Energie der Edelsteine eine große Rolle. Oft genügen schon sanfte Massagen, um Linderung zu verschaffen. Massagen lassen sich auch mit einer Ohrakupressur kombinieren, die gut durchgeführt oft hilfreicher ist als jede Massage. Es ist sinnvoll, damit zu beginnen.

Nach der Massage sollte eine Ruhezeit von etwa 30 Minuten eingehalten werden.

Jede Massage muß als angenehm empfunden werden, auch wenn ich da einigen Masseur/inn/en widerspreche. Meine Therapieerfolge sprechen dafür. Viele Patienten gehen ungern zur Massage, weil es schmerzt. Wenn sie erst einmal meine Ohrakupressur und gegebenenfalls auch meine Massage erlebt haben, kommen sie gerne wieder.

Zur Reinigung des Steins genügt etwas Seifenlauge und Wasser.

Reflexzonenmassage

Die Reflexzonenmassage wird am Rücken durchgeführt, denn aus dem Rückenmark, welches sich in der Wirbelsäule befindet, kommen Nerven, die Arme, Beine und einen Teil der inneren Organe versorgen.

Der bekannteste und größte Nerv ist der Ischiasnerv. Wer schon einmal Probleme damit hatte, kennt die Schmerzen und weiß, daß sie vom unteren Rücken bis in die Fersen gehen. Da der Ursprung der Schmerzen im Rücken liegt, muß dieser auch massiert werden.

So können Schmerzen im Arm durchaus ihren Ursprung auch in der Nackenmuskulatur haben. Gerade Menschen, die viel am Schreibtisch arbeiten, kennen das Problem. Eine gute Massage verschafft Linderung, auch in den Armen und Händen, die im Extremfall sogar kribbeln oder gefühllos sind.

Jeder aus der Wirbelsäule kommende Nerv versorgt einen Hautbereich und die Organe der tieferliegenden Körperregion. Die Abbildung verdeutlicht das.

Schmerzen in der Hüfte können durchaus ihren Ursprung im Rücken haben.

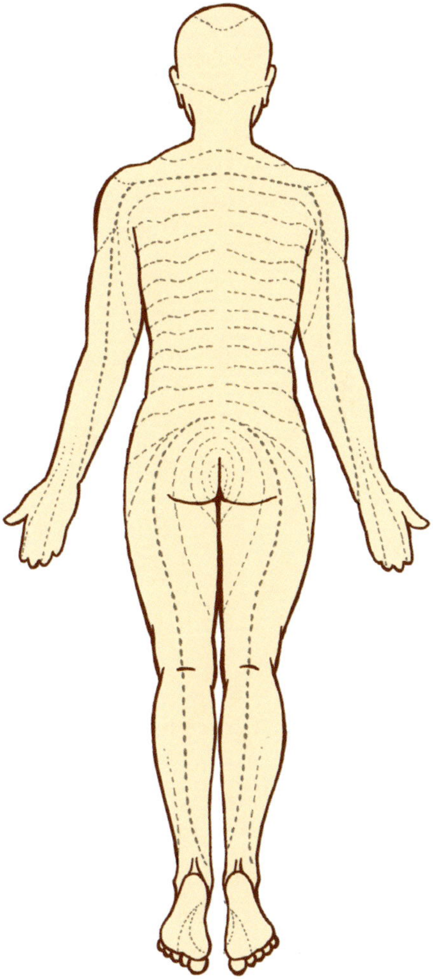

Abb.: Diese Zonen werden von einzelnen Nerven versorgt. Entdecker war der von 1861 bis 1940 in London lebende Nervenarzt Sir Henry Head. Nach ihm werden die Areale auf der Abbildung »Head'sche Zonen« genannt.

Da ein Teil der Nerven auch zu den inneren Organen führen und diese versorgen, ist eine Rückenmassage hilfreich. Wenn Sie also den entsprechenden Hautbereich massieren, werden die Nerven stimuliert und regen das entsprechende Organ zur Selbstheilung an. So kann eine regelmäßige Massage die Verdauung regulieren oder beispielsweise bei einer Magenschleimhautentzündung lindernd wirken.

Durchführung

Zuerst wird der Rücken eingeölt. Massiert wird nur mit der stumpfen Seite des Edelsteinstabs. Wenn keine speziellen Schmerzen behandelt werden müssen, können Sie von oben nach unten und umgekehrt massieren. Sollen damit Beschwerden gelindert werden, sollte der Schwerpunkt der Behandlung im entsprechenden Bereich liegen.

Im Nackenbereich darf bis kurz vor den Schultern massiert werden. Bei schlanken Menschen nicht auf hervorstehenden Knochen massieren.

Im Brustwirbelbereich nur etwa 3 bis 5 cm rechts und links der Wirbelsäule behandelt. Bitte dabei nicht auf den Wirbeln massieren.

Der Lendenwirbelbereich darf wieder großflächiger massiert werden.

Im Sakralbereich, er liegt noch tiefer unten, wird auch nur noch ein kleiner Bereich massiert.

Grundsätzlich muß die Massage als angenehm empfunden werden. Die Dauer richtet sich nach den Beschwerden, wobei meistens 20 bis 30 Minuten ausreichend sind.

Zur Massage führen Sie kleine Kreise oder Achten durch. Sie können auch mit dem Stein von innen nach außen streichen. Dafür setzen Sie den Stein neben der Wirbelsäule an und streichen mit nachlassendem Druck nach außen. Vergleichen können Sie die Bewegung mit einem dicken Pinselstrich, wie er zur chinesischen Kaligraphie durchgeführt wird.

Probieren Sie einfach verschiedene Techniken und fragen Sie die Person, die Sie behandeln, wie es gefällt. Lassen Sie Ihrer Phantasie freien Lauf. Solange Sie im Muskelbereich neben der Wirbelsäule massieren und es als angenehm empfunden wird, machen Sie das Richtige. Für die Reflexzonenmassage ist nur wichtig, daß Sie den richtigen Abschnitt der Wirbelsäule behandeln. Beispielsweise müssen Sie für das Herz den Brustwirbelbereich und für die Blase den Lendenwirbelbereich massieren.

Anwendungsverbot

Kranke Hautstellen oder Leberflecken sollten bei der Behandlung umgangen werden. Vorsicht bei Schwangeren, sie sollten in den ersten drei Monaten nicht im Lendenwirbelbereich behandelt werden.

Bei untergewichtigen Menschen müssen Sie darauf achten, daß Sie nicht auf Knochen, Wirbeln oder Rippen massieren.

Massage der schmerzenden Stellen

Diese Massage darf nicht schmerzhaft sein, möglicherweise ist es nur ein »Bestreichen« mit der stumpfen Seite des Edelsteinstabs. Hierfür kann ebenfalls ein Massageöl verwendet werden. Bei dieser Behandlung geht es vor allem um die positive Energie der Edelsteine. In seltenen Fällen kann sie die Schmerzen verstärken. Lassen diese nach wenigen Minuten nicht nach, muß die Behandlung abgebrochen werden.

Durchführung

Die schmerzenden Stellen oder Muskelpartien, beispielsweise im Nacken, mit der stumpfen Seite des Edelsteins kreisend massieren. Wenn es sich um Schmerzen in einem Gelenk handelt, muß die Massage sehr vorsichtig durchgeführt werden.

Dafür verwenden Sie entweder ein Massageöl oder auch eine Salbe beziehungsweise Creme, die Sie sonst zum Einreiben der schmerzenden Stelle verwenden.

Natürlich dürfen so keine Wunden behandelt werden. In diesem Fall ist eine Ohrakupressur oder Fußreflexzonenmassage angebracht.

Anwendungsverbot

Kranke Hautstellen oder Leberflecken die sich an den jeweiligen Stellen befinden, dürfen nicht behandelt werden.

Nicht auf Knochen oder Überbeinen massieren.

Schmerzstellen behandeln

Mit dem Stein »Energie« an die schmerzende oder kranke Stelle geben. Ob es lindert oder verstärkt, müssen Sie beobachten und entsprechend handeln. Denn eine anhaltende Schmerzverstärkung kann ein gutes oder auch ein schlechtes Zeichen sein. Lassen also die Schmerzen nach kurzer Zeit nicht nach, müssen Sie den Stein entfernen. Sofern Sie mehrere Edelstein-Massagespitzen besitzen, sollten Sie alle ausprobieren.

Durchführung

Zur Behandlung sollten Sie sich in einer bequemen Stellung befinden.

Legen Sie zunächst die Edelstein-Massagespitze mit der Längsseite für 30 Minuten auf die schmerzhafte, beziehungsweise kranke Stelle. Bei ausbleibender Besserung halten Sie die stumpfe Seite für die gleiche Zeit dorthin. Dabei kommt es nicht auf die Berührung, sondern auf die von dem Stein abgegebene Energie an.

Arbeiten mit der Einhandrute oder dem Pendel

Wenn Sie nicht mit einer Einhandrute oder einem Pendel umgehen können, werden Sie trotzdem gute Behandlungserfolge haben. Oft wird damit nur das bestätigt, was man ohnehin schon macht.

Die Auswahl des Steins

Wenn Sie mit einem Pendel oder einer Rute arbeiten, können Sie ganz einfach den für Ihre Eigenbehandlung am besten geeigneten Edelsteinstab finden. Wenn Sie allerdings andere Menschen behandeln, kann es durchaus ein anderer Stein sein. Da aber alle Steine eine gute Wirkung haben, ist ein Auspendeln bei der Wahl nicht so wichtig. Meistens hat man ohnehin nicht genug Auswahl.

Zum Überprüfen, ob ein Edelsteinstab energetisch sauber, beziehungsweise aufgeladen ist, berühren Sie den Stein mit einem Finger. Mit der Einhandrute oder dem Pendel in der anderen Hand fragen Sie gleichzeitig, ob er »sauber« ist. Ihr Unterbewußtsein kann es fühlen und Ihre Einhandrute wird es Ihnen »sagen«.

Auch wenn alle Edelstein-Massagestäbe, die Sie zur Verfügung haben, nicht optimal geeignet sind, können Sie sie trotzdem verwenden. Sie werden gegebenenfalls länger behandeln müssen, der Erfolg wird aber fast ebenso gut sein.

Den richtigen Punkt finden

Wenn Ihnen der Umgang mit einer Einhandrute oder Pendel vertraut ist, können Sie die zu behandelnden Punkte auch damit ausfindig machen.

Bei der Ohrakupressur und der Fußreflexzonen-Massage ist das nicht nötig, denn nur die behandlungsbedürftigen Stellen schmerzen. Bei der Körperakupunktur, bei der Reflexzonenmassage und bei dem Auflegen des Steins können Sie ganz einfach überprüfen, ob es für die Therapie hilfreich ist.

Dafür halten Sie den Edelsteinstab an die von Ihnen vermutete Stelle. In die andere Hand nehmen Sie die Einhandrute oder das Pendel. Fragen Sie nun, ob die Behandlung dieser Stelle hilfreich ist. Kommt ein »Ja«, führen Sie die Behandlung wie vorgesehen durch und halten die Einhandrute oder das Pendel weiter in der Hand. Warten Sie, bis es zur Ruhe kommt. Die Behandlung dieser Stelle ist dann abgeschlossen. Ich arbeite häufig so und freue mich über die anschließenden Therapieerfolge. Mittlerweile stelle ich auch keine Frage mehr, die Einhandrute bewegt sich schon automatisch und gibt mir eine Antwort. Ich muß dafür die Rute nur in Patientennähe halten.

Analytische Kinesiologie

Statt mit der Rute oder dem Pendel, können Sie den richtigen Stein auch kinesiologisch austesten. Das erfordert aber etwas mehr Übung und Erfahrung. Wenn Sie aber schon einmal kinesiologisch gearbeitet haben, sollten Sie es ausprobieren.

Kinesiologie funktioniert nach dem Prinzip, daß negative Dinge die Muskeln schwächen und positive die Muskeln stärken.

Die Auswahl des Steins

Die zu testenden Person muß den rechten Arm nach vorne ausstrecken und halten. Sie fassen das Handgelenk mit Ihrer rechten Hand an und fühlen beim sanften Herunterdrücken, wie viel Kraft im Arm der Testperson ist. Zur Kontrolle, ob die Arm bei positiven und richtigen Informationen auch stark bleibt, fragen Sie leise, also denkend, ob die Testperson weiblich oder männlich ist. Der kinesiologische Test funktioniert, wenn Sie die richtige »Antwort« bekommen.

Zum Testen des richtigen Steins halten Sie der Testperson einen Stein an den Thymus und fragen Sie leise: »Hilft dieser Stein?«. Fühlen Sie dann die Muskelstärke des Arms. Beim richtigen, beziehungsweise besten Stein, wird der Muskel stark bleiben.

Ein Hindernis beim Testen ist Wassermangel der Testperson. Lassen Sie gegebenenfalls Wasser trinken.

Linkshänder/innen sollten entsprechend die linke Hand zum Testen verwenden.

Den richtigen Punkt finden

Im Prinzip testen Sie genauso wie beim Finden des Steins. Sie halten den vorher am Thymus ausgewählten Stein an die kranke Stelle oder den ausgewählten Akupunkturpunkt und fragen, ob diese Stelle die richtige für die Therapie ist. Ein »ja« wird mit einem starken Muskel beantwortet.

Sie können sogar die Länge der Behandlung abfragen. Fragen Sie dafür beispielsweise: »Soll der Stein bis 5 Minuten hier liegen?« Bleibt der Muskel schwach, fragen Sie weiter: »bis 10 Minuten?«. Vergessen Sie dabei nicht das Wort »bis«. Bei der richtigen Zeit bleibt der Armmuskel stark.

Therapien von Kopf bis Fuß

Haut

Die Haut ist unser größtes Organ. Die meisten Krankheiten der Haut haben ihren Ursprung im Körper. So ist beispielsweise die Neurodermitis eine Krankheit des Immunsystems, und die Haut erkrankt daran. Eine gute Entgiftung kann bei der Heilung der Haut, zum Beispiel bei Akne, hilfreich sein. Meistens ist aber die Ursache für ein Hautleiden schwer zu diagnostisieren. Deshalb lassen sich die meisten Hautkrankheiten auch so schwer behandeln.

Bevorzugte Steine: Der Fluorit und der Aventurin haben eine gute Wirkung auf die Haut, und der Bergkristall vertreibt Krankheiten.

Ohrakupressur

Es gibt zwar spezielle »Hautpunkte« im Ohr, deren Behandlung aber meistens nicht zum Erfolg führt. Erfahrungsgemäß ist es sinnvoller, im ganzheitlichen Sinne alle schmerzempfindlichen Stellen im Ohr zu behandeln.

Bei chronischen Hauterkrankungen, egal ob eine oder mehrere Hautareale, regen Sie vor allem, durch die Behandlung der entsprechenden Punkte, die Leber und die Niere zur besseren Entgiftung an. Eine Besserung der Hautkrankheit wird erst nach einer längeren Zeit und vielen Behandlungen eintreten.

Handelt es sich um eine akute, lokal begrenzte Hautstelle, beispielsweise eine Abschürfung am Knie oder eine Brandwunde am Arm (Bügeleisen, Backofen!), sollten Sie nur die damit korrespondierenden Punkte im Ohr behandeln.

Einen Fuß- oder Nagelpilz werden Sie damit leider nicht wegbekommen.

Chronische Hauterkrankungen werden zwei- bis dreimal wöchentlich und akute ein- oder zweimal täglich behandelt.

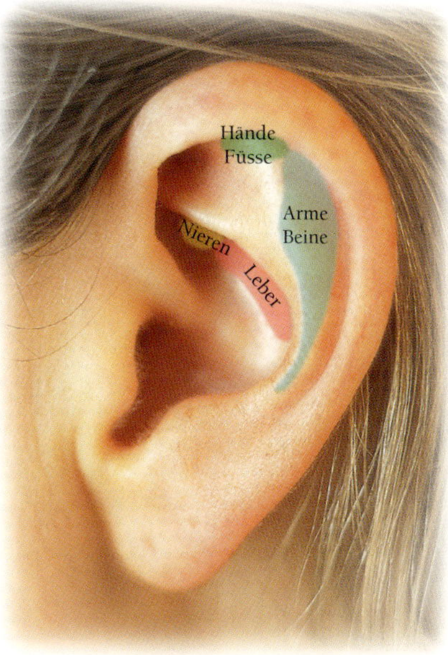

Abb.: Bei chronischen Hautkrankheiten vor allem die inneren Organe behandeln. Bei Bedarf die Areale der Arme beziehungsweise Beine nach schmerzhaften Stellen absuchen.

Fußreflexzonen-Massage

Sofern die Fußsohle selbst nicht betroffen ist, ist es gerade bei Hauterkrankungen sehr hilfreich, im ganzheitlichen Sinne beide Füße regelmäßig und über einen längeren Zeitraum zu behandeln. Dabei wird über die Fußsohlen der ganze Körper zur Selbstheilung angeregt.

Am Fuß werden alle schmerzempfindlichen Stellen gesucht und massiert. Dabei sollte auch hier der Schwerpunkt in der Anregung der Leber und der Niere zur Entgiftung liegen. Diese beiden Stellen dürfen nur sanft massiert werden.

Psyche, Kummer, Aufregung

Bei kleinem und großem Kummer – die Behandlung mit dem Massagestab tut der Seele gut. Eine regelmäßige Behandlung – also ein- bis zweimal pro Woche – stabilisiert die Psyche auf sanfte, nebenwirkungsfreie Art.

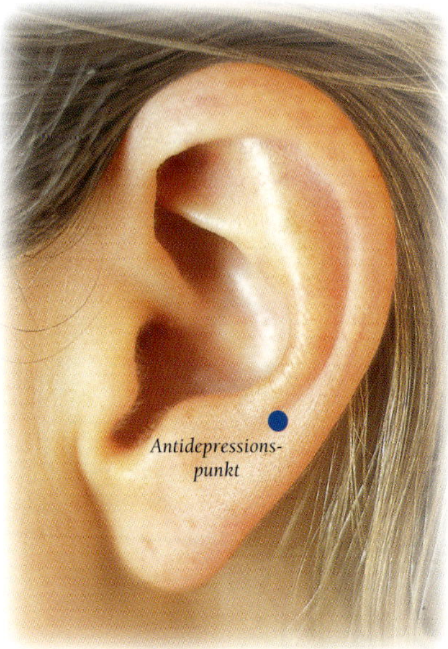

Bevorzugte Steine: Der Amethyst stärkt die Nerven. Der Rosenquarz, als typischer Frauenstein, kann immer hilfreich sein. Der Rutilquarz und der Sodalith stärken das Selbstvertrauen.

Ohrakupressur

Gegen depressive Stimmungen gibt es einen wunderbaren Punkt am Ohr, den Sie bei jeder Behandlung mit einbeziehen sollten. Er ist auch bei fast allen Menschen schmerzempfindlich. Das heißt selbstverständlich nicht, daß alle Menschen unter Depressionen leiden, aber eine Behandlung, die unsere Seele ins Gleichgewicht bringt und unsere Stimmung (noch mehr) aufhellt, nehmen wir doch alle gerne an.

Der Punkt befindet sich am Ende der Rinne, die am äußeren Ohrrand zu finden ist. Behandelt werden immer beide Ohren.

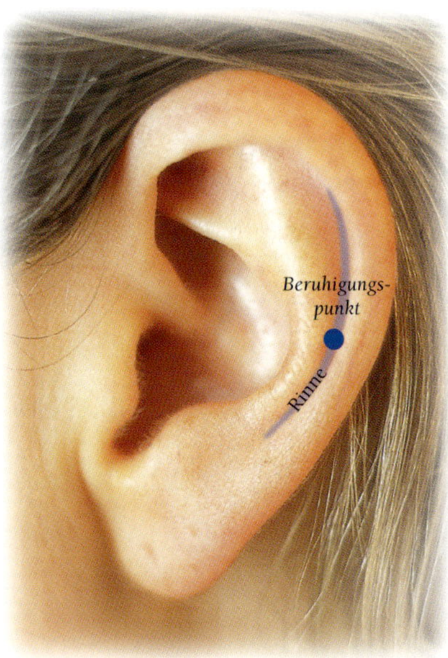

Bei diesem Punkt empfindet man nicht sofort eine Besserung, also kann die Dauer der Behandlung nicht überprüft werden. Halten Sie die Spitze für ungefähr 20 bis 30 Sekunden an diese schmerzempfindliche Stelle.

Bewegen Sie dann die Spitze in der Rinne nach oben. Alle schmerzempfindlichen Stellen sollten Sie ebenfalls ein paar Sekunden behandeln. Das tut einfach der Seele gut. Etwa in der Mitte der Rinne befindet sich ein Punkt, der bei den meisten Menschen besonders empfindlich ist. Dieser Punkt hat eine beruhigende und ausgleichende Wirkung.

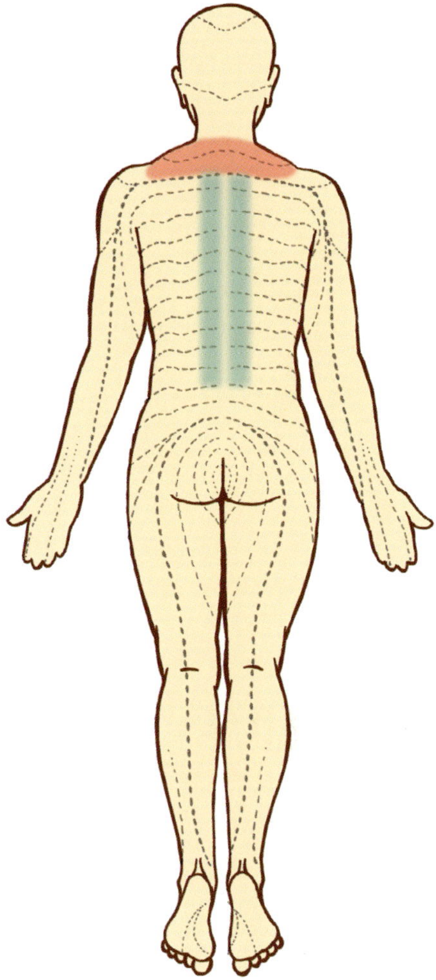

Reflexzonenmassage

Eine sanfte Massage aller Reflexzonen am Rücken mit einem wunderbar duftenden Massageöl wirkt oft Wunder. Dabei kann eine Lieblingsmusik gehört werden. Die Behandlung sollte immer nach der Ohrakupressur erfolgen. Nach 20 Minuten Massage muß eine ebensolange Ruhezeit eingehalten werden. Dabei sollten Sie die behandelte Person mit einer Decke oder einem Handtuch zudecken.

Da die Nackenmuskulatur bei seelischen Belastungen oft verspannt ist, muß der Schwerpunkt der Behandlung auch dort sein. Dieses Gebiet ist ein Seelentröster, schon eine dorthin gelegte Hand tut gut. Sie kennen ja auch die Sprüche: »Man trägt eine schwere Last auf den Schultern!« und »......da sträuben sich einem ja die Nackenhaare!«

Begleittherapien

Gegen Kummer hilft sehr gut das homöopathische Mittel: Ignatia LM6. Bei Bedarf nehmen Sie für ein paar Tage zwei- bis dreimal täglich 3 bis 5 Globuli.

Gegen Depressionen hilft Johanniskraut. Es muß – als Tee getrunken oder als Tablette eingenommen – mehrere Wochen durchgehend angewendet werden. Die Wirkung tritt erst nach etwa drei Wochen ein. (Nicht anwenden, bei gleichzeitiger Einnahme von Markumar zur Blutverdünnung)

Schlafstörungen

Schlafstörungen können sehr unterschiedliche Ursachen haben, dazu gehören auch Störfelder wie beispielsweise Wasseradern aus dem Erdreich. Schon ein Radiowecker oder eine Halogenlampe am Bett können mit ihrem Elektrosmog dafür sorgen, daß Sie schlecht schlafen. Diese Störfelder gilt es zuerst zu beseitigen.

Überprüfen Sie auch Ihr Trinkverhalten. Ich erlebe immer wieder, daß Menschen zum Beispiel nicht wissen, daß grüner Tee stark anregend ist.

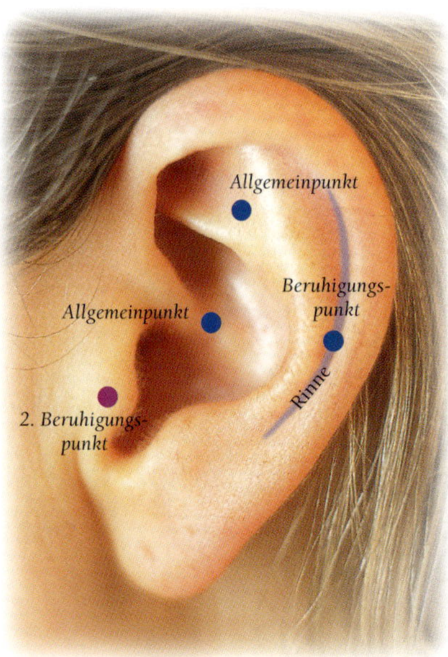

Bevorzugte Steine: Der Amethyst, der Aventurin und der Heliotrop helfen gegen Unruhe, und der Sodalith fördert den Schlaf.

Ohrakupressur

Suchen und behandeln Sie zuerst die beiden Allgemeinpunkte. Der eine liegt an der Spitze des Dreiecks im oberen Bereich, und den anderen finden Sie in der Mitte des Stegs.

Am wichtigsten ist eine regelmäßige Behandlung der Seelenpunkte. Außer dem Beruhigungspunkt in dieser Rinne, gibt es noch einen anderen wichtigen Punkt auf der gegenüberliegenden Seite. Die ganze Rinne und die beiden Punkte sollten über einen längeren Zeitraum, jeden Abend vor dem Schlafen, etwa fünf Minuten behandelt werden.

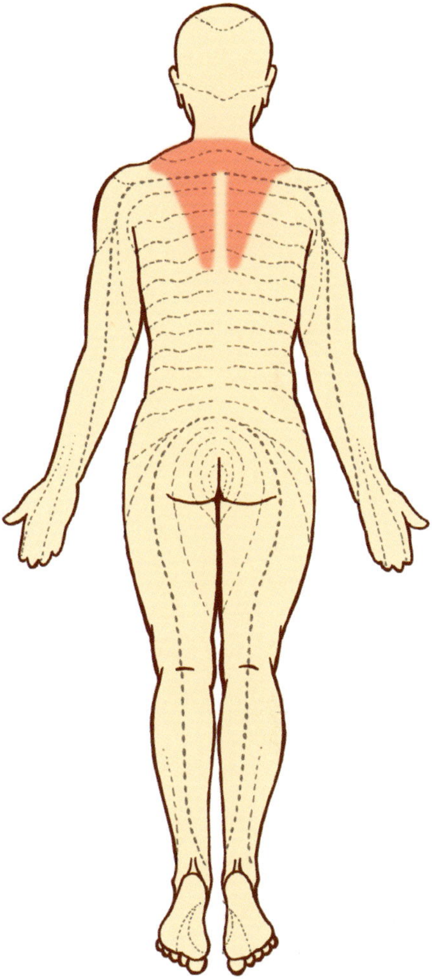

Massage

Die Massage muß abends im Bett durchgeführt werden. Verwenden Sie dafür das Lavendel-Massageöl, denn Lavendel wirkt beruhigend.

Dabei sollte der ganze Bereich rechts und links der oberen Wirbelsäule zart massiert werden. Wichtig ist auch eine gleichmäßige »nicht aufregende« Massage. Nicht nur die Massagetechnik ist wichtig, auch die abendliche Zuwendung kann, vor allem bei Kindern, kleine Wunder bewirken. Bei der Massage der unteren Rückenhälfte wird die Niere zu sehr angeregt. Die Folge ist, daß die behandelte Person, möglicherweise kurz nach dem Einschlafen aufwacht, weil sie zur Toilette gehen muß.

Begleittherapie

Um wieder in einen regelmäßigen Schlafrhythmus zu kommen, können Sie zusätzlich abends Baldrian, Melisse oder Hopfen als Tee trinken oder als Tablette oder Tropfen einnehmen. Manchmal, vor allem bei Kindern, helfen 1 bis 3 Tropfen Lavendelöl auf dem Kopfkissen.

Konzentrationsschwäche

Sich auf etwas zu konzentrieren, fällt sehr vielen Menschen schwer. Kinder fallen bald auf – sie können nicht konzentriert bei einem Spiel bleiben oder möchten zum Malen ständig neue Blätter haben. Die Geduld, um bei einer Sache zu bleiben, fehlt. Das hat Auswirkungen auf das ganze Leben. Konzentriert lernen und arbeiten ist im Extremfall kaum möglich. Mit einer regelmäßigen Akupressur läßt sich das zumindest etwas verändern.

Bevorzugte Steine: Der Fluorit fördert die Konzentration, der Bergkristall gibt Energie und sorgt für Klarheit, und der Amethyst gibt Ruhe. Der Rutilquarz gibt Stabilität.

Ohrakupressur

Da Konzentration etwas mit dem Gehirn zu tun hat, muß der Bereich des Kopfes am Ohr nach schmerzenden Stellen abgesucht werden. Da auch hier eine sofortige Besserung nicht fühlbar ist, müssen alle schmerzhaften Stellen etwa 20 – 30 Sekunden behandelt werden.

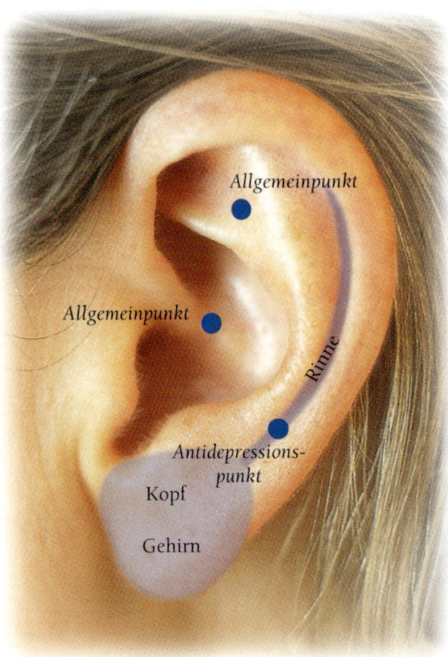

Tasten Sie die auf die Seele wirksame Rinne ebenfalls ab. Alle dort auffallenden Punkte müssen ebenfalls kurz behandelt werden.

Suchen und behandeln Sie außerdem die beiden Allgemeinpunkte. Der eine liegt an der Spitze des Dreiecks im oberen Bereich, und den anderen finden Sie in der Mitte des Stegs.

Eine Behandlung alle 2 bis 3 Tage über einen längeren Zeitraum ist sinnvoll.

Körperakupressur

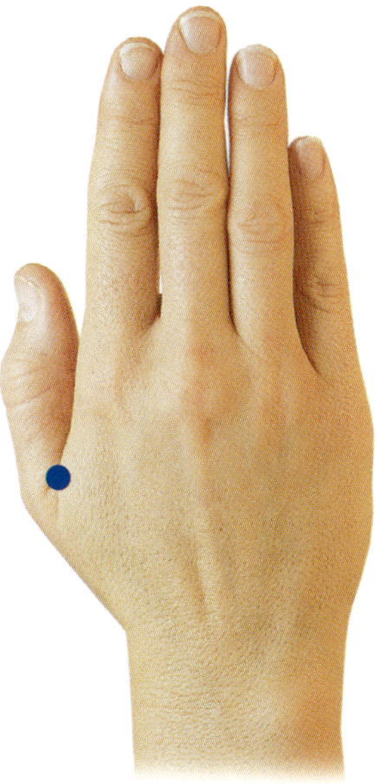

An beiden Händen gibt es einen Punkt, der positive Wirkung auf das Gehirn hat. Behandeln Sie auf jeden Fall beide Hände.

Lassen Sie den Daumen anlegen. Drehen Sie die Handaußenfläche zu sich hin und halten Sie die Hand mit Ihrer freien Hand fest. Zwischen Daumen und Hand entsteht ein Falte. Am Ende dieser Falte ist die höchste Stelle der Umgebung und der Punkt, den Sie mit der spitzen Seite des Edelsteinstabs zunächst nur berühren müssen. Jetzt muß die behandelte Person die Hand entspannen, und Sie bleiben mit dem Stein für 2 bis 3 Minuten auf der Stelle.

Begleittherapie

1 bis 2 Tropfen des ätherischen Öls Litsea cubea oder Lemongras, auf den Kragen getropft oder in einer Duftlampe, fördern die Konzentration.

Schuld an Konzentrationsstörungen kann auch ein Vitamin- oder Mineralstoffmangel sein, der, am besten mit einem Multivitamin- plus Mineralien-Präparat, ausgeglichen werden kann.

Kopfschmerzen, Migräne

Ausgerechnet Kopfschmerzen lassen sich nicht immer mit dem Massagestab lindern, denn die Ursache für die Schmerzen im Kopf ist selten im Kopf zu finden. Trotzdem ist es immer einen Versuch wert.

Ist die Ursache eine Nasennebenhöhlenentzündung oder eine Verspannung im Nacken, bewirkt die Akupressur am Ohr allerdings oft Wunder.

Bei Migräne kann man manchmal zumindest die Übelkeit lindern. Langfristig kann eine ganzheitliche Behandlung am Ohr oder an der Fußsohle helfen.

Ursachen für Kopfschmerzen sind manchmal Vitaminmangel, Hormonstörungen, falsche Ernährung oder auch Allergien. Das Führen eines Migräne- oder Kopfschmerztagebuches kann beim Aufspüren der Ursache hilfreich sein.

Bevorzugte Steine: Der Amethyst wirkt gegen Verspannungen und Nervenschwäche, und er lindert Schmerzen, ebenso der Aventurin. Der Bergkristall vertreibt Krankheiten, der Sodalith stärkt die Nerven und der Rosenquarz hat einen positiven Einfluß auf weibliche Hormone.

Ohrakupressur

Suchen und behandeln Sie zuerst die beiden Allgemeinpunkte. Der eine liegt an der Spitze des Dreiecks im oberen Bereich, und den anderen finden Sie in der Mitte des Stegs.

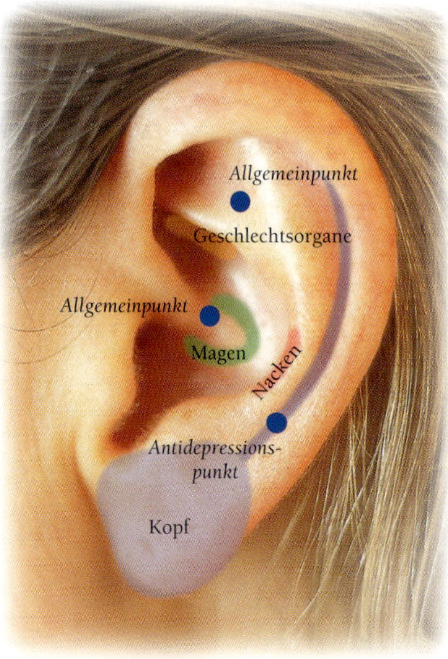

Im oberen Ohrmuschelbereich ist ein etwas tiefer gelegenes Dreieck. An seiner Spitze ist ein weiterer guter allgemeinwirksamer Punkt. Tasten Sie den Bereich ab, eine Stelle wird schmerzempfindlich sein. Diesen Punkt ebenfalls etwa 20 Sekunden mit der Steinspitze berühren.

Die Behandlung des Antidepressionspunktes und der anschließenden Rinne kann ebenfalls nützlich sein.

Wenn die Kopfschmerzen durch eine Nackenverspannung verursacht wurden, behandeln Sie diesen Bereich. Er ist interessanterweise in der Nähe des Antidepressionspunktes! Suchen Sie also das

Areal nach schmerzenden Stellen ab. Sie werden möglicherweise 2 bis 3 Stellen finden. Behandeln Sie diese und fragen Sie danach, ob die Kopfschmerzen nachgelassen haben.

Im tieferen Teil der Ohrmuschel finden Sie den Magenbereich. Bei bestehender Übelkeit suchen Sie dort nach Punkten, die Sie jeweils 10 bis 20 Sekunden behandeln.

Zum Schluß suchen Sie das Ohrläppchen nach Punkten ab. Vor allem bei Kopfschmerzen durch Schnupfen und Nasennebenhöhlenentzündungen werden Sie Erfolg haben.

Sind die Kopfschmerzen hormonell bedingt, muß der Bereich der Geschlechtsorgane über mehrere Monate zwei- bis dreimal wöchentlich zusätzlich behandelt werden.

Körperakupressur

An den Händen gibt es einen Punkt gegen Kopfschmerzen, den Sie auch gut an sich selbst behandeln können. Wenn Sie jemanden behandeln, lassen Sie den Daumen anlegen. Drehen Sie die Handaußenfläche zu sich hin und halten Sie die Hand mit Ihrer freien Hand fest. Zwischen Daumen und Hand entsteht ein Falte. Am Ende dieser Falte ist die höchste Stelle der Umgebung und der Punkt, den Sie mit der spitzen Seite des Edelsteinstabs zunächst nur berühren müssen. Jetzt muß die behandelte Person ihre Hand entspannen und Sie bleiben mit dem Stein für 2 bis 3 Minuten auf der Stelle.

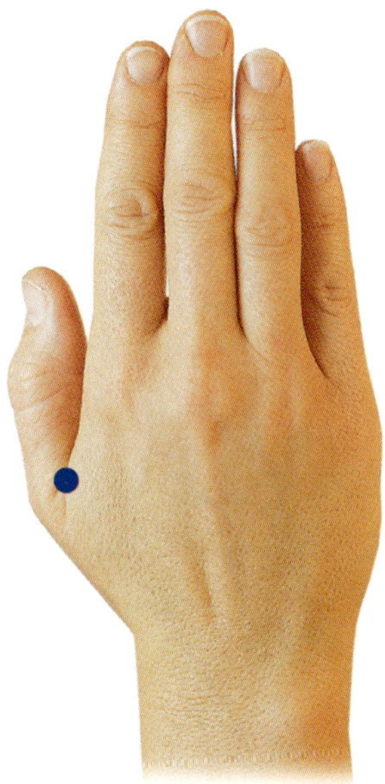

Fragen Sie zwischendurch, ob die Kopfschmerzen nachlassen.

Behandeln Sie immer die Punkte beider Hände.

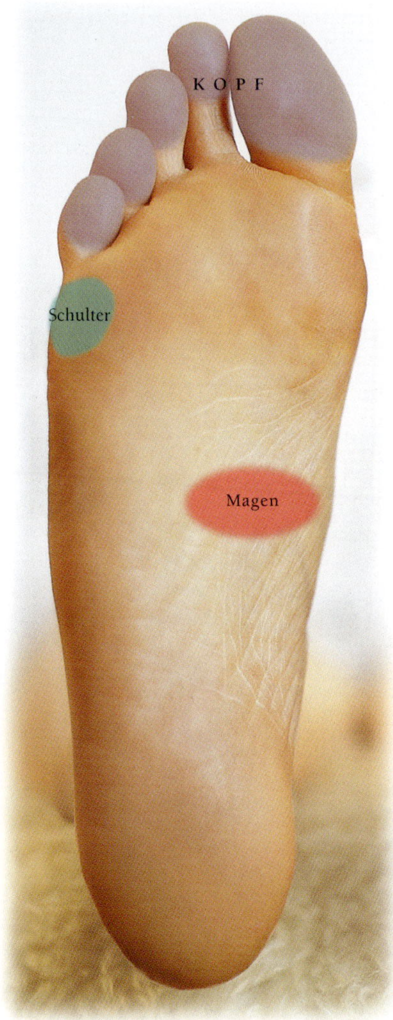

Fußreflexzonen-Massage

Den Kopf finden Sie an den Fußzehen beider Fußsohlen. Fassen Sie die Zehen einzeln an und massieren alle, für je etwa 1 bis 2 Minuten, mit der stumpfen Seite des Edelsteinstabs. Da der Schmerz »beruhigt« werden muß, sollte ein etwas stärkerer Druck ausgeübt werden. Leider sind die Zehen meistens so klein, das die Behandlung des Kopfbereiches schwierig ist.

Bei Übelkeit suchen Sie dann die obere Mitte der Fußsohle nach schmerzenden Stellen ab. Gegebenenfalls den ganzen Bereich mit kreisenden Bewegungen für 2 bis 3 Minuten massieren.

Bei häufig auftretenden Kopfschmerzen oder Migräneanfällen kann es hilfreich sein, wenn Sie eine regelmäßige ganzheitliche Behandlung durchführen. Das bedeutet, zwei- bis dreimal wöchentlich beide Fußsohlen nach schmerzenden Stellen absuchen und mit dem Edelsteinstab für etwa 30 Minuten massieren.

Reflexzonenmassage

Sofern die Kopfschmerzen durch Verspannungen verursacht wurden, ist eine Massage im Nackenbereich entspannend.

Sind hormonelle Gründe verantwortlich, beispielsweise, wenn die Kopfschmerzen menstruationsabhängig auftreten, sollte der Lendenwirbelbereich zwei- bis dreimal wöchentlich massiert werden.

Das Massieren des ganzen Rückens, also rechts und links der Wirbelsäule, ist im Sinne einer ganzheitlichen Therapie zu betrachten und muß ebenfalls regelmäßig durchgeführt werden.

Gerade die Reflexzonentherapie läßt sich gut mit einer Ohrakupressur, die vorher durchgeführt wird, kombinieren.

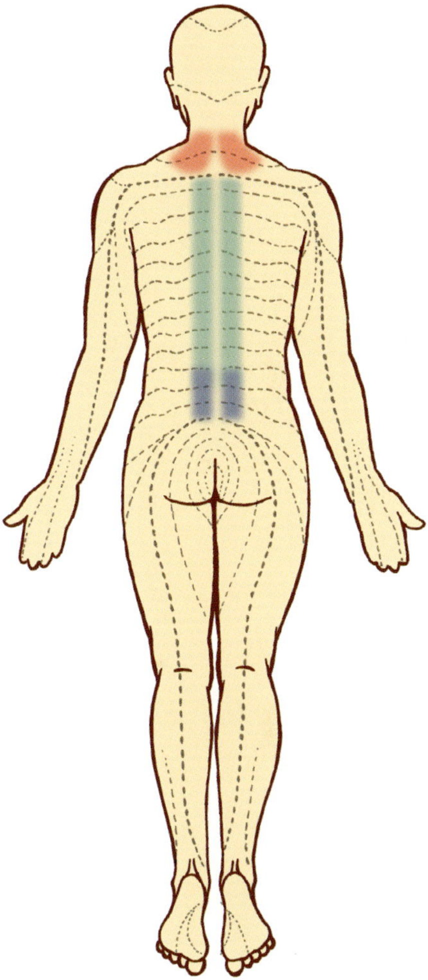

Begleittherapie
1 bis 2 Tropfen Pfefferminzöl, pur auf die Stirn aufgetragen lindert, vor allem, wenn es zu Beginn des Kopfschmerzanfalls gemacht wird.

Gegen die Übelkeit hilft in vielen Fällen Pfefferminz- oder Ingwertee. Für den Ingwertee raspeln Sie ein kleines Stück frischen Ingwer und gießen heißes Wasser dazu.

Gegebenenfalls einen Vitaminmangel durch die Einnahme von Multivitaminpräparaten ausgleichen.

Ohrenschmerzen

Ohrenschmerzen haben unterschiedliche Ursachen, die aber alle im Kopf zu finden sind, entsprechend muß der Bereich des Kopfes an der Fußsohle oder an der Ohrmuschel behandelt werden. Neben der Entzündung des Mittelohrs, kann auch eine Nasennebenhöhlenvereiterung oder ein starker Schnupfen für die Schmerzen verantwortlich sein. In diesem Fall ist die Eustachische Röhre – ein Verbindungsgang zwischen Mittelohr und Nase – verstopft. Es kommt zum schmerzhaften Überdruck im Mittelohr. Beim Behandeln des ganzen Kopfes wird automatisch der Schnupfen – also der Verursacher – behandelt.

Selten ist zuviel Ohrschmalz schuld am Schmerz. Hierbei hilft der Massagestab leider nicht, denn es ist ein mechanisches Problem, der Ohrschmalz-Pfropf muß raus.

Alle Therapien lassen sich gut kombinieren.

Bevorzugte Steine: Der Amethyst lindert Schmerzen, der Bergkristall sorgt für Abschwellung und vertreibt Krankheiten, und der Fluorit wirkt auf Schleimhäute. Zur Abwehrsteigerung kann der Heliotrop eingesetzt werden.

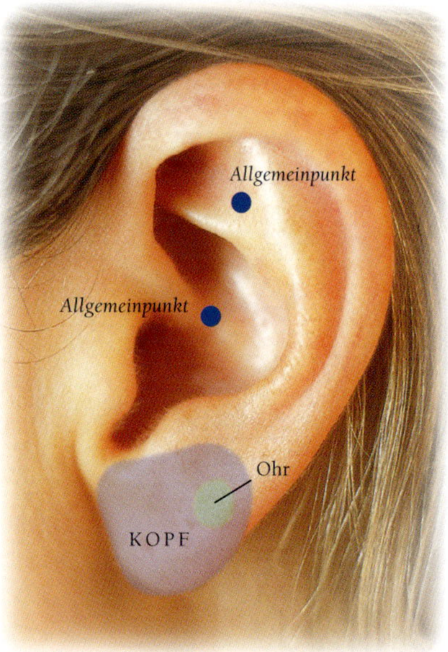

Ohrakupressur

Suchen und behandeln Sie zuerst die beiden Allgemeinpunkte. Der eine liegt an der Spitze des Dreiecks im oberen Bereich, und den anderen finden Sie in der Mitte des Stegs.

Da die Ohren zum Kopf gehören, müssen Sie auch im Kopfbereich – also am Ohrläppchen – die entsprechenden Stellen suchen und behandeln. Sie werden sie wahrscheinlich auf der betroffenen Seite finden.

Das Ohrläppchen ist etwas schmerzunempfindlicher, dadurch wird die Suche erschwert. Ziehen Sie während der Akupressur nicht zu sehr am Ohr, denn das kann die Schmerzen im Mittelohr verstärken.

Wenn die Ursache ein Schnupfen ist, müssen Sie die Ohrläppchen beider Ohren behandeln.

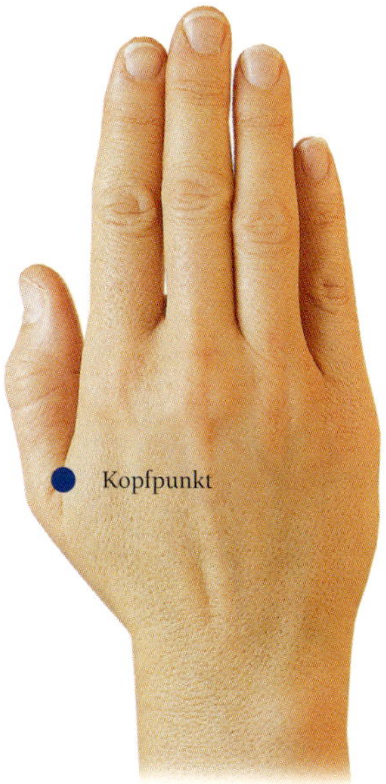

Körperpunkte behandeln

An der Hand gibt es einen Punkt, der bei allen Beschwerden im Bereich des Kopfes behandelt wird. Zum Auffinden muß die Hand ausgestreckt und der Daumen angelegt werden. Dabei entsteht eine höchste Stelle.

Stützen Sie mit Ihrer linken Hand die zu behandelnde Hand und halten Sie die Spitze des Edelsteinstabs auf die höchste Stelle. Jetzt muß die Hand entspannt werden. Drücken Sie für 2 bis 5 Minuten die Spitze des Steins auf diesen relativ großen Akupressurpunkt.

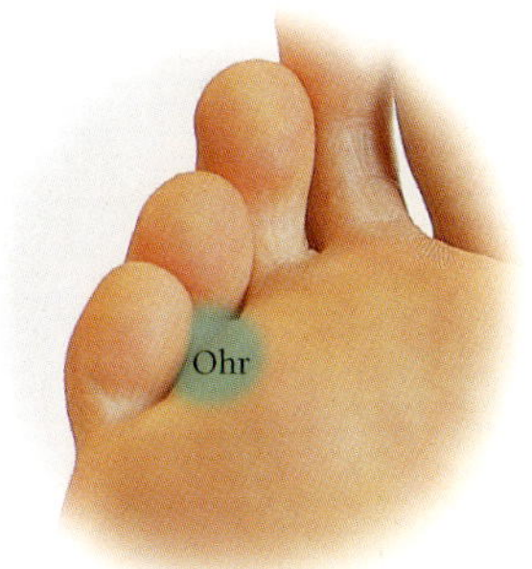

Fußreflexzonenmassage

An der Fußsohle unterhalb des zweitkleinsten Zehs gibt es eine Stelle, die mit dem Ohr korrespondiert.

Drücken Sie die stumpfe Seite des Edelsteinstabs für etwa 5 bis 10 Minuten an diese Stelle. Dabei führen Sie leichte kreisende Bewegungen durch.

Im ganzheitlichen Sinne sollten Sie an beiden Füßen alle schmerzempfindlichen Stellen massieren.

Begleittherapie

Ein erwärmtes Kamillen- oder Salzsäckchen, auf das erkrankte Ohr gelegt, lindert ebenfalls. 3 Globuli des homöopathischen Mittels Belladonna D12 können 3 mal täglich zusätzlich eingenommen werden.

Schnupfen und Nasennebenhöhlenentzündung

Sogar heftigen Erkältungskrankheiten der Nasennebenhöhle lassen sich sehr gut beeinflussen. Wenn Menschen gut auf diese Therapien ansprechen, reichen häufig wenige intensive Behandlungen ohne weiteres aus. Da der Trigeminusnerv im Gesicht, in der Nähe der Nasennebenhöhlen verläuft, muß bei einer Trigeminusneuralgie genauso behandelt werden.

Bevorzugte Steine: Der Heliotrop steigert die Immunabwehr, der Fluorit wirkt auf Schleimhäute, und der Bergkristall sorgt für Abschwellung und vertreibt Krankheiten.

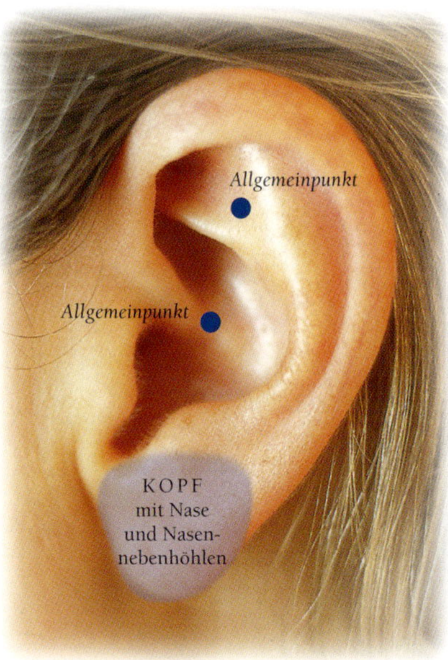

Ohrakupressur

Geradezu ideal ist die Ohrakupressur bei Schnupfen und Nasennebenhöhlenentzündungen. Zunächst werden die beiden Allgemeinpunkte gesucht und behandelt. Der eine liegt an der Spitze des Dreiecks im oberen Bereich, und den anderen finden Sie in der Mitte des Stegs. Danach suchen Sie im ganzen Kopfbereich, also am Ohrläppchen, nach schmerzhaften Stellen. Alle werden auch gleich für je 20 bis 30 Sekunden mit der Spitze des Edelsteinstabs behandelt. Fragen Sie zwischendurch, ob die Nase freier wird. Führen Sie danach die Körperakupressur im Gesicht durch.

Körperakupressur

Die wichtigsten Punkte sind im Gesicht und ganz einfach zu finden, denn sie befinden sich rechts und links der Nase. Der untere Punkt kann sehr unangenehm sein, seien Sie also vorsichtig. Es muß nicht schmerzen, die Energie der Steinspitze genügt für eine heilende Wirkung.

Die beiden anderen Stellen neben der Nase können Sie vorher ertasten. Sie werden kleine Dellen – besser gesagt – Löcher in den Knochen fühlen. Durch diese Löcher tritt der Trigeminusnerv aus. Er versorgt das ganz Gebiet, das Sie behandeln müssen. Es genügt also, die Steinspitze dorthin für je 30 Sekunden zu halten. Dabei darf nicht fest gedrückt werden.

Auf den Punkt zwischen den Augenbrauen halten Sie die stumpfe Seite des Stein.

Außerdem muß der Kopfpunkt an den Händen behandelt werden.

Stützen Sie mit Ihrer linken Hand die zu behandelnde Hand und halten Sie die Spitze des Edelsteinstabs auf die höchste Stelle. Jetzt muß die Hand entspannt werden. Drücken Sie für 2 bis 5 Minuten den Stab auf diese Stelle. Der Akupressurpunkt ist relativ groß.

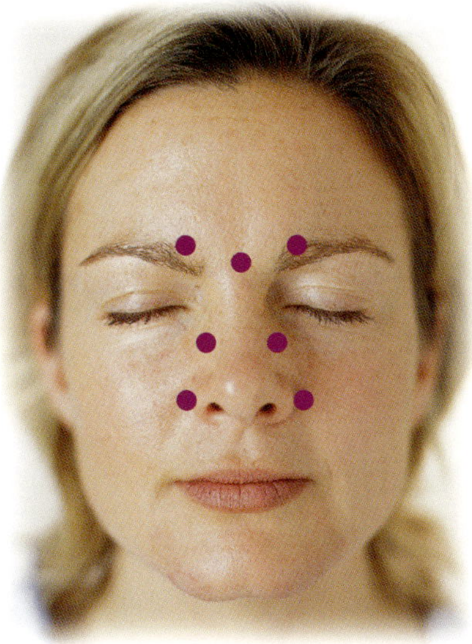

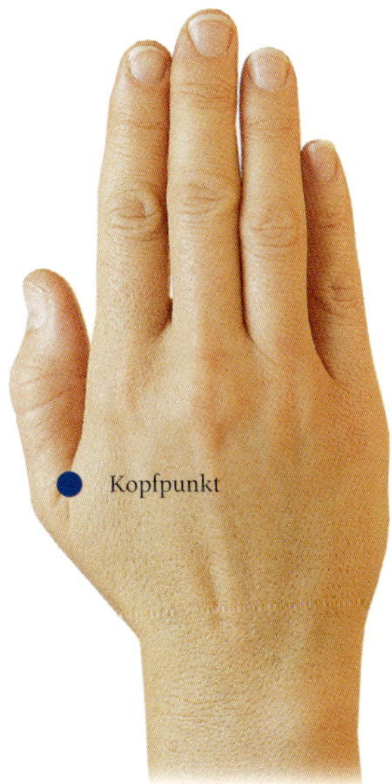

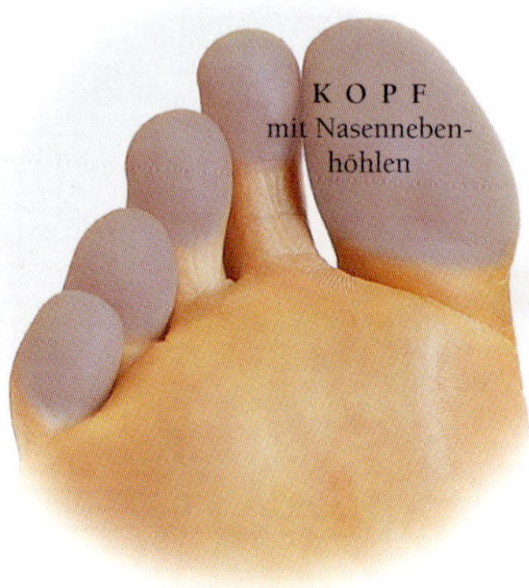

Fußreflexzonen-Massage

Den Kopf und die Nasennebenhöhlen finden Sie an den Fußzehen beider Fußsohle. Fassen Sie die Zehen einzeln an und massieren Sie alle für je etwa 1 bis 2 Minuten. Leider sind die Zehen meistens so klein, daß die Behandlung des Kopfbereiches schwierig ist.

Im Sinne der ganzheitlichen Therapie kann es sehr hilfreich sein, den ganzen Körper an beiden Fußsohlen zu massieren.

Begleittherapie

Thymiantee löst sehr gut den Schleim und kann zusätzlich 3 mal täglich, auch von Kindern, getrunken werden.

Das homöopathische Mittel Luffa D4 löst den Schleim. Es werden mehrmals täglich 3 Globuli gelutscht.

Zahnschmerzen

Bei Zahnschmerzen müssen Sie natürlich immer zu einem Zahnsarzt oder einer Zahnärztin. Aber trotzdem kann eine Akupressur vorher die Schmerzen lindern.

Nicht immer ist die Ursache von Zahnschmerzen klar erkennbar. Nach Zahnbehandlungen ist oft der Nerv im Zahn gereizt und schmerzt. Auch nach dem Ziehen eines Zahns ist eine Behandlung mit dem Edelsteinstab schmerzlindernd.

Bevorzugte Steine: Der Amethyst und der Aventurin lindern Schmerzen, und der Bergkristall hilft gegen Schwellungen nach der Behandlung.

Ohrakupressur

Da die Zähne zum Kopf gehören, müssen Sie auch am Kopf – also am Ohrläppchen – die entsprechende Stelle suchen und behandeln. Es ist etwas schmerzunempfindlicher, dadurch wird die Suche erschwert.

Kombinieren Sie die Therapie auf jeden Fall mit der Körperakupressur.

Zur Linderung der Angst vor der Behandlung können Sie zusätzlich den Beruhigungspunkt in der Rinne am Ohrrand und die beiden Allgemeinpunkte mitbehandeln. Der eine liegt an der Spitze des Dreiecks im oberen Bereich, und den anderen finden Sie in der Mitte des Stegs.

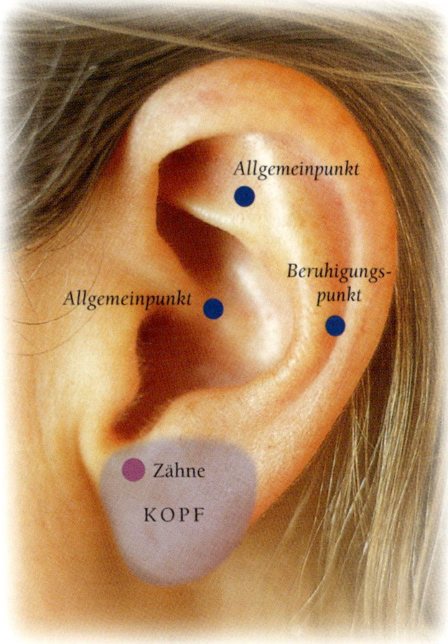

Körperakupressur

An der Hand gibt es einen Punkt, der bei allen Beschwerden im Bereich des Kopfes behandelt wird. Zahnschmerzen rechts werden auch rechts behandelt, links entsprechend auf der anderen Seite. Nur selten wirkt es über Kreuz. Zum Auffinden muß die Hand ausgestreckt und der Daumen angelegt werden. Dabei entsteht eine höchste Stelle.

Stützen Sie mit Ihrer linken Hand die zu behandelnde Hand und halten Sie die Spitze des Edelsteinstabs auf die höchste Stelle. Jetzt muß die Hand entspannt werden. Drücken Sie für 2 bis 5 Minuten den Stab auf diese Stelle. Der Akupressurpunkt ist relativ groß.

Möglicherweise wird Ihre eigene Behandlung beim Zahnarzt erträglicher, wenn Sie die Steinspitze

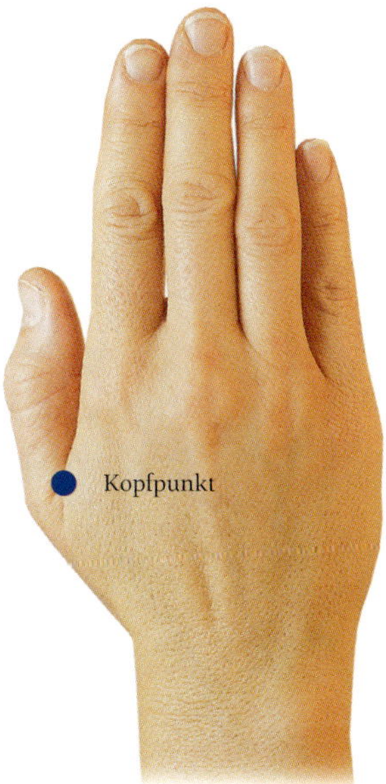

während des Eingriffs an diese Stelle drücken. Sind es die Zähne im Frontbereich, abwechselnd beide Seite behandeln.

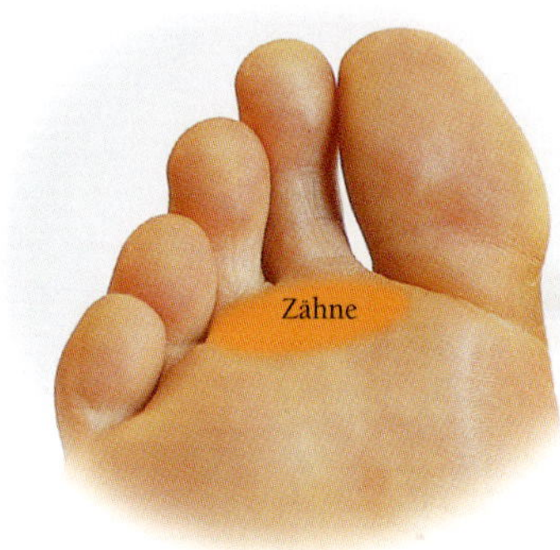

Fußreflexzonen-Massage
Den Kopf und die Zähne finden Sie an den Fußzehen der entsprechenden Seite.

Den Punkt finden an der Fußspitze, bevor die Zehen beginnen.

Stützen Sie den Fuß mit der einen Hand, suchen und massieren Sie die schmerzempfindliche Stelle etwa 1 bis 2 Minuten.

Begleittherapie
Vor und nach einer Behandlung beim Zahnarzt sollten Sie das homöopathische Mittel Arnica D12 einnehmen. Die Dosierung richtet sich nach den Beschwerden. Unmittelbar vor jeder Art von Behandlung 3 Globuli lutschen, und danach können halbstündlich, stündlich oder täglich 3 Globuli eingenommen werden.

Halsschmerzen

Viele Erkältungskrankheiten beginnen mit Halsschmerzen. Deshalb ist es sinnvoll, sofort auch den Bereich der Nase, der Bronchien und der Lunge zu behandeln. Auch können Sie gleich mit der Begleittherapie beginnen, damit Sie erst gar nicht so heftig erkranken.

Bevorzugte Steine: Der Sodalith hat eine gute Wirkung auf den Hals, der Fluorit auf die Schleimhaut, und der Bergkristall sorgt für Abschwellung und vertreibt Krankheiten.

Ohrakupressur

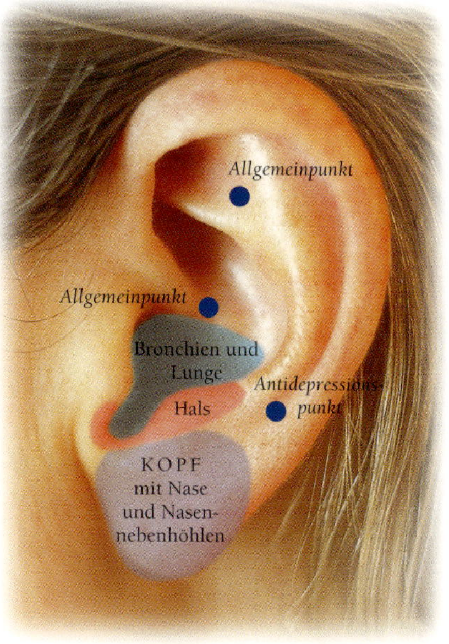

Zunächst werden die beiden Allgemeinpunkte gesucht und behandelt. Der eine liegt an der Spitze des Dreiecks im oberen Bereich, und den anderen finden Sie in der Mitte des Stegs.

Die Halsschmerzpunkte finden Sie am Ohrläppchen, an der Kante zum tiefergelegenen Bereich der Ohrmuschel. Die Suche und Behandlung erfordert etwas Geschick, denn es kann durchaus die Kante selbst sein, auf der Sie fündig werden. Fragen Sie zwischendurch, ob das Schlucken angenehmer wird.

Vorbeugend, gegen Schnupfen, sollten Sie auch das ganze Ohrläppchen nach schmerzhaften Stellen absuchen und diese behandeln. Schmerzempfindlicher sind die Bereiche Bronchien und Lunge, tasten Sie zunächst also behutsam die Stellen ab. Auch die anschließende Akupressur muß sanfter sein.

Dabei gilt auch, 20 bis 30 Sekunden Behandlung an jedem Punkt. Die Gesamtbehandlung kann durchaus 30 Minuten dauern, verhindert oder zumindest lindert aber oft einen schweren grippalen Infekt.

Zum Schluß drücken Sie noch den Antidepressionspunkt.

Fußreflexzonen-Massage

Den Hals finden Sie im vorderen Bereich beider Fußsohlen.

Suchen Sie in diesem Bereich die schmerzempfindlichen Stellen, sie werden mit der stumpfen Seite des Steins für je etwa 1 bis 2 Minuten massiert.

Im Sinne der ganzheitlichen Therapie kann es sehr hilfreich sein, den ganzen Körper, vor allem den weiter unten gelegenen

Bronchien- und Lungenbereich an beiden Fußsohlen zu massieren.

Begleittherapie
Gurgeln Sie mit Salbeitee. Zusätzlich, vor allem, wenn üblicherweise bei Halsschmerzen eine Bronchitis oder Schnupfen folgt, können täglich 3 Tassen Thymiantee getrunken werden.

Nackenverspannung- und Schmerzen

Darunter leiden sehr viele Menschen. Ich staune immer wieder, wie hochwirksam in diesen Fällen die Ohrakupressur hilft, auch, wenn die Beschwerden schon eine lange Zeit bestehen.

Die Schmerzen können sich auch durch heftiges Brennen der Muskeln äußern. Ein normales Wenden des Kopfes in beide Richtungen ist oft nicht mehr möglich. Sogar die Beweglichkeit der Arme kann eingeschränkt sein. Manchmal geht der Schmerz bis in die kleinen Finger, oder diese werden taub beziehungsweise kribbeln.

Bevorzugte Steine: Der Amethyst und der Aventurin wirken gegen Verspannungen und gegen Schmerzen, der Bergkristall hilft gegen Lähmungen, und der Rosenquarz fördert die Durchblutung.

Ohrakupressur
Suchen und behandeln Sie zuerst die beiden Allgemeinpunkte. Der eine liegt an der Spitze des Dreiecks im oberen Bereich, und den anderen finden Sie in der Mitte des Stegs. Auch die Behandlung des Antidepressionspunktes, am Ende der Rinne des Ohrrands, wird guttun.

Aber die wichtigsten Punkte finden Sie neben dem Wirbelsäulenbereich. Suchen Sie sorgfältig nach schmerzenden Stellen. Möglicherweise ist es nur ein Punkt. Lassen Sie also zwischen den einzelnen Behandlungen der gefundenen Punkte jeweils die Schultern hochziehen. Dabei wird eine Verbesserung am besten verspürt. Manchmal läßt das Brennen schon ohne Bewegung nach. Lassen Sie sich Veränderungen sofort sagen.

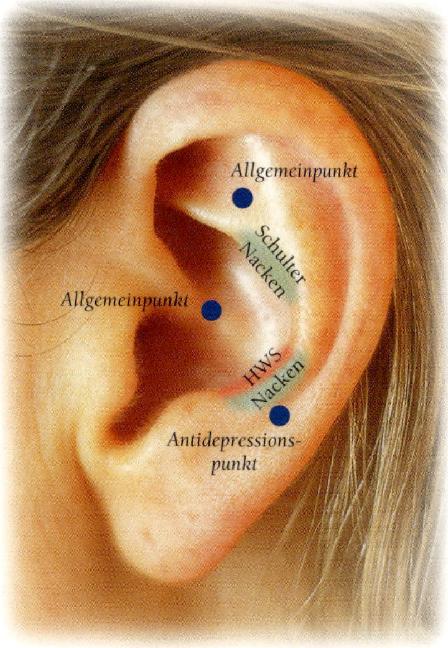

HWS = Halswirbelsäule

Wenn die Halswirbelsäule schuld an dem Problem ist, muß sie mitbehandelt werden. Das erfordert etwas Geschick und Übung, denn sie sitzt genau auf der Kante in der Nähe des Nackenbereichs. Lassen Sie zwischendurch den Kopf drehen, um zu sehen, ob sich die Beweglichkeit verbessert.

Kombinieren Sie die Ohrakupressur mit einer Massage des betroffenen Gebiets.

Massage

Die Massage nach der Ohrakupressur sollte mit einem Muskelöl durchgeführt werden. Massieren Sie aber nicht zu fest, denn es kann sonst zu einem Muskelkater kommen. Die Energie des Steins und die Heilwirkung des Massageöls reichen für die Anregung der Selbstheilungskräfte schon aus. Eine regelmäßige Behandlung ist sinnvoller als ein heftige.

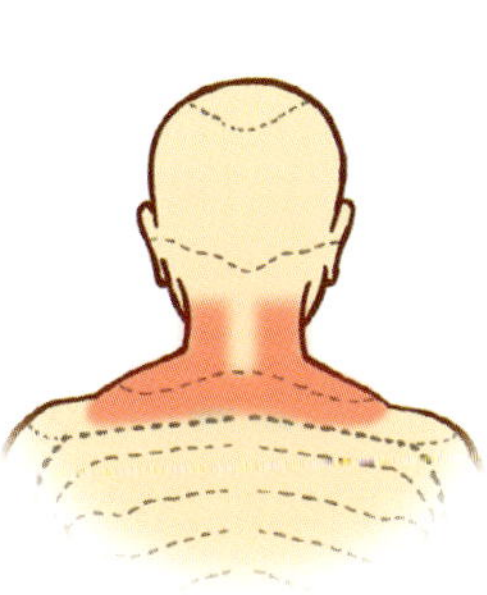

Massage sollte etwa 15 bis 20 Minuten dauern. Legen Sie danach noch ein Wärmekissen auf den Nacken.

Begleittherapie
Ein zusätzliches abendliches warmes Kirschkern- oder Körnerkissen unterstützt die Behandlung mit dem Edelsteinstab.

Schulter-Arm-Schmerzen

Arthrose, wie in anderen Gelenken, ist selten die Ursache für Beschwerden in der Schulter, die oft bis in die Arme ausstrahlen. Häufig wird die Diagnose Schulter-Arm-Syndrom genannt, eine Bezeichnung, die aussagt, daß die Diagnose unklar ist. Bei der Akupressur spielt die Ursache nur eine geringe Rolle, sie kann also in jedem Fall schmerzlindernd und heilungsfördernd wirken.

Besonders schmerzhaft, vor allem im Oberarm mit Ausstrahlung bis in die Fingerspitzen, ist eine Nervenentzündung.

Auch wenn die Ursache bekannt ist, sollten Sie eine regelmäßige Behandlung durchführen.

Bevorzugte Steine: Der Aventurin und der Amethyst lindern Schmerzen und Verspannungen, der Bergkristall vertreibt Lähmungen, und der Rosenquarz sowie der Heliotrop fördern die Durchblutung. Bei Nervenentzündungen lindern vor allem der Amethyst und der Sodalith.

Ohrakupressur
Behandelt werden beide Ohren, schwerpunktmäßig aber die betroffene Seite.

Die Schulter kann an zwei Stellen im Ohr wiedergegeben sein. Beide befinden sich in der Nähe der Wirbelsäule. Wenn die Nackenschmerzen bis in die Schulter ziehen, muß entsprechend auch der Nackenbereich im Ohr behandelt werden.

Aber meistens liegt die Schmerzursache in der Schulter selbst. Vor der Behandlung sollte der Schmerz und die eingeschränkte

Beweglichkeit noch einmal getestet werden. Suchen Sie zuerst die wichtigsten Schulterpunkte neben der Wirbelsäule und behandeln Sie diese. Lassen Sie zwischendurch, zur Kontrolle des Therapieerfolgs, die Schulter und den Arm bewegen.

Bei einige Patienten habe ich schon weitere Punkte dort gefunden, wo im Ohr ein Teil der Lunge sitzt. Suchen Sie in diesem Bereich ebenfalls nach schmerzempfindlichen Punkten. Die Kontrolle durch Bewegung wird schnell zeigen, ob dort ebenfalls behandlungsbedürftige Punkte sind.

Nach insgesamt etwa 15 Minuten Behandlung sollte eine Verbesserung eingetreten sein. Chronische Erkrankungen, auch häufig vorkommende Kalkablagerungen, müssen zwei- bis dreimal in der Woche am Ohr behandelt werden.

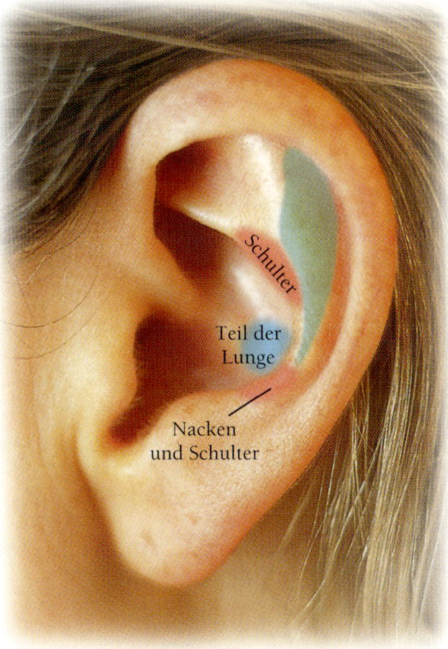

Fußreflexzonen-Massage

Der Schulterbereich an den Fußsohlen ist einfach zu finden, denn er ist unterhalb des kleines Zehs. Massieren Sie, mit der stumpfen Seite des Edelsteinstabs, diese Stellen an beiden Füßen, verstärkt an der betroffenen Seite. Zwischendurch sollte eine Bewegung der Schulter, zur Kontrolle des Therapieerfolgs, durchgeführt werden. Möglicherweise ist aber die Ohrakupressur hilfreicher.

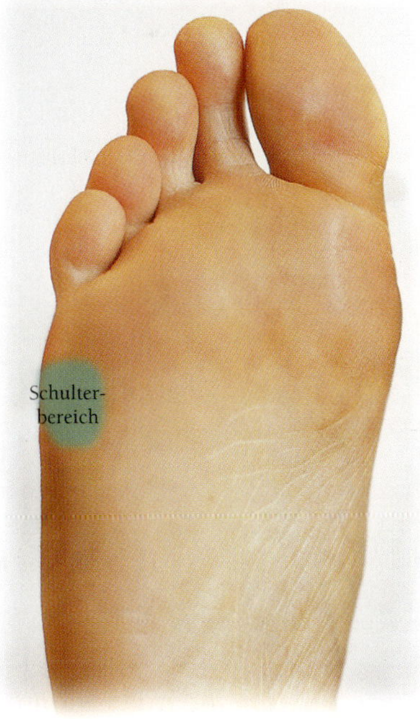

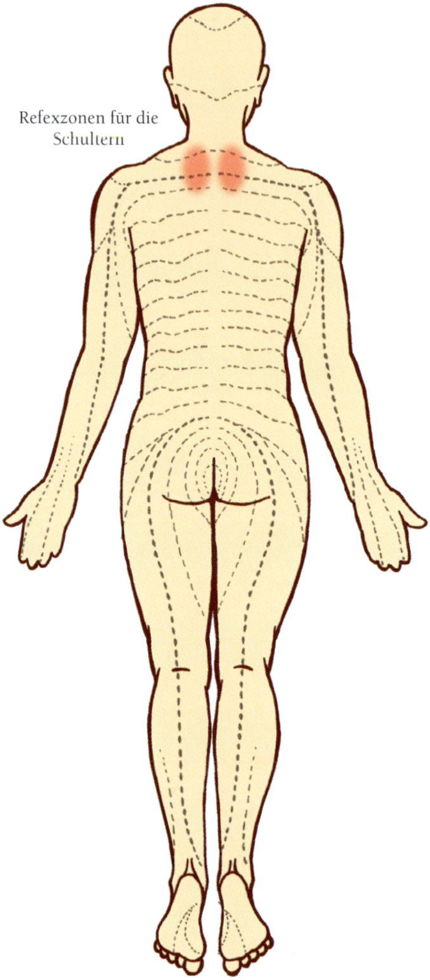

Reflexzonenmassage

Massiert werden darf eigentlich nur der Bereich rechts und links des oberen Brustwirbelbereichs, denn dort sind die Nervenaustrittstellen für die Schultern.

Verwenden Sie dafür ein Massageöl für Gelenke. Nach dem Auftragen des Öls – auch auf den Schultern – wird mit der stumpfen Seite des Edelsteinstabs, nur der kleine Bereich neben der Wirbelsäule für 10 bis 15 Minuten massiert.

Diese Massage sollte nach der Ohrakupressur oder der Fußreflexzonenmassage stattfinden.

Schmerzstellen behandeln

Die schmerzenden Stellen selbst dürfen nur sehr behutsam mit dem Edelsteinstab behandelt werden. Gegebenenfalls einfach nur den Stein mit der Längsseite für 30 Minuten auf die schlimmste Stelle legen. Massiert werden darf diese Stelle nur ganz sanft mit der stumpfen Seite des Steins.

Bei Nervenentzündungen darf der schmerzende Bereich dadurch nicht noch mehr gereizt werden.

Begleittherapie

In den meisten Fällen wird ein Wärmekissen als angenehm empfunden. Meistens ist, sofern keine Operation nötig ist, die Akupressur, vor allem am Ohr, besser als andere Therapien. Bei

Nervenentzündungen zusätzlich ein Präparat mit Vitamin B1 und B6 einnehmen.

Manchmal ist es lindernd, an die schmerzenden Stellen für ein paar Tage ein paar Magnetpflaster aus der Apotheke zu kleben.

Ellenbogenschmerzen

Für Schmerzen im Ellenbogen sind meistens Schleimbeutel- und Sehnenscheidenentzündungen oder ein Tennisarm verantwortlich. Aber auch andere Schmerzzustände lassen sich sehr gut mit Ohrakupressur lindern und teilweise sogar heilen.

Bevorzugte Steine: Der Amethyst lindert Schmerzen, und der Bergkristall wirkt abschwellend. Der Rosenquarz und der Heliotrop fördern die Durchblutung.

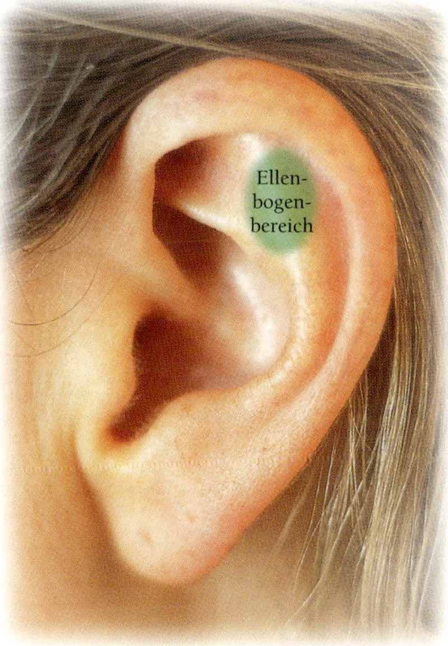

Ohrakupressur
Leider ist der Ellenbogen im Ohr nicht einfach zu finden, denn bei jedem Menschen kann das eine etwas andere Stelle im Ohr betreffen. Sie müssen also bei der ersten Behandlung ein relativ großes Gebiet absuchen. Wenn Sie schmerzempfindliche Stellen gefunden und behandelt haben, sollten Sie den Ellenbogen bewegen lassen. Wenn der Schmerz nachläßt und Sie sind gerade auf einem Punkt, verweilen Sie noch eine Weile auf ihm. Lassen Sie sich zwischendurch etwas zu der Schmerzintensität sagen. Wenn Sie einen gut wirksamen

Punkt haben, können Sie so die Länge der Akupressur überwachen.

Bei späteren Behandlungen haben Sie es dann einfacher, denn die Punkte werden wieder an ähnlichen Stellen sein. Das Ohr auf der Seite, die nicht betroffen ist, benötigt nur eine kurze Behandlung.

Die meisten Probleme am Ellenbogen bedürfen einer mehrmaligen Behandlung, die zwei- bis dreimal in der Woche durchgeführt wird.

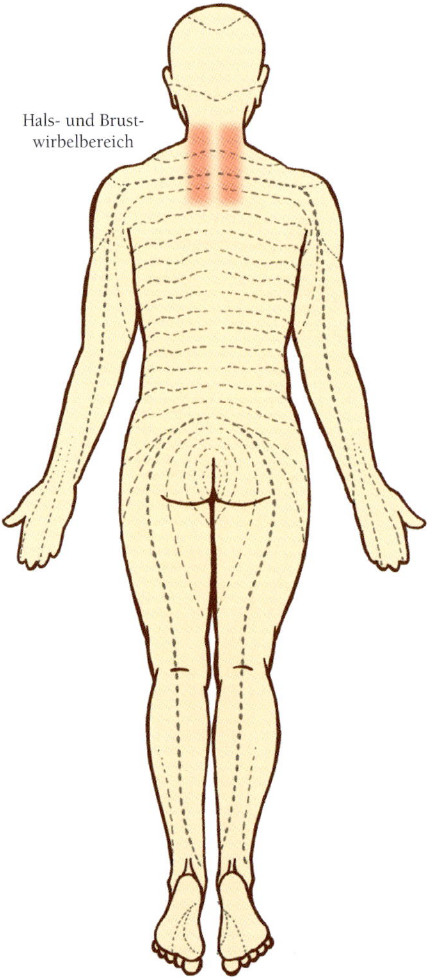

Reflexzonenmassage

Die Nerven, welche die Arme und damit auch die Ellenbogen versorgen, sind rechts und links des unteren Abschnitts der Halswirbelsäule und der oberen Brustwirbelsäule. Der untere Halswirbel ist einfach zu erkennen, denn er steht etwas hervor und bewegt sich nicht, wenn Sie den Kopf wenden. Ein etwas größeres Gebiet kann durchaus massiert werden, vor allem wenn die Nackenmuskeln zusätzlich verspannt sind.

Verwenden Sie ein Muskelöl und massieren Sie mit der stumpfen Seite des Edelsteinstabs.

Eine direkte Besserung wird selten eintreten, aber die Massage unterstützt die Ohrakupressur.

Schmerzstellen behandeln

Nur sehr vorsichtig darf um das Ellenbogengelenk herum massiert werden. Hervorstehende Knochen nicht direkt behandeln.

Die Muskeln der Ober- und Unterarme dürfen mit der stumpfen Seite des Edelsteinstabs massiert werden. Es muß aber als angenehm empfunden werden.

Begleittherapie

Reiben Sie das Ellenbogengelenk zwei- bis dreimal täglich mit einem Gelenk- und Muskelöl ein. Wenn Sie sich bei einem Sturz mit dem Ellenbogen und dem Unterarm aufgefangen haben, nehmen Sie stündlich 3 Globuli des homöopathischen Mittels Arnica D6 oder D12.

Handgelenkschmerzen

Handgelenke werden stark belastet, denn schließlich arbeiten wir alle mit den Händen. Dazu kommt, daß wir bei einem Sturz immer versuchen, unseren Kopf zu schützen, wir strecken schnell die Arme vor und fallen direkt auf die ohnehin belasteten Handgelenke. Handgelenke und Unterarme sind folglich besonders gefährdet und verstauchen oder brechen oft.

Egal, was die Ursache für die Schmerzen ist, mit einer Ohrakupressur können Sie auf jeden Fall Schmerzen lindern und die Heilung fördern.

Bevorzugte Steine: Der Bergkristall sorgt für das Abschwellen und macht das Gelenk beweglicher. Der Amethyst lindert Schmerzen, und der Rosenquarz, sowie der Heliotrop fördern die Durchblutung.

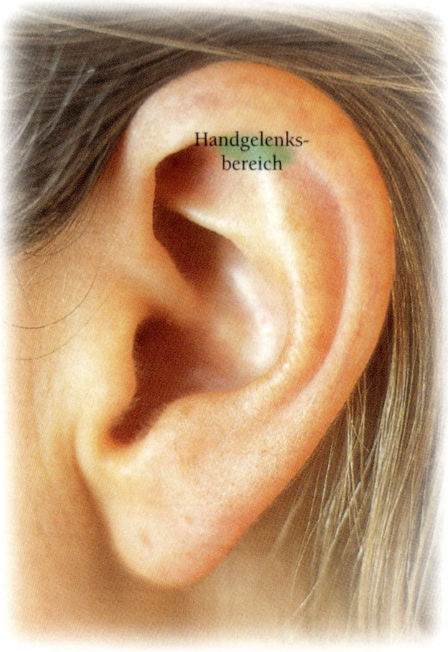

Ohrakupressur

Die richtigen Punkte lassen sich meistens schnell finden, sie sind in einem kleinen Gebiet oben im Ohr zu finden. Wenn Sie schmerzempfindliche Stellen gefunden und kurz behandelt haben, lassen Sie das Handgelenk bewegen, noch während Sie mit dem Edelsteinstab den Punkt berühren. Wenn Sie einen guten Punkt gefunden haben, lassen die Schmerzen sofort nach.

Suchen und behandeln Sie in dem Gebiet viele Punkte und verfahren Sie weiter so, daß Sie das Gelenk bewegen lassen, bis keine Besserung mehr eintritt.

Bei akuten Beschwerden genügen wenige und bei chronischen Leiden mehrere Behandlungen in der Woche über einen längeren Zeitraum.

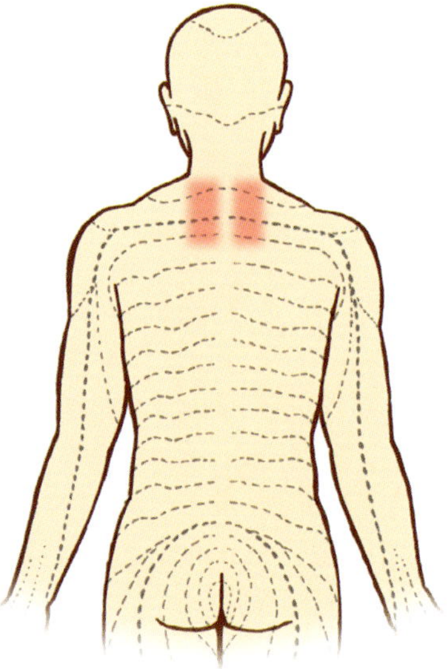

Reflexzonenmassage

Nur bei chronischen Leiden des Handgelenks kann eine Reflexzonenmassage lindern. Die Nerven für die Unterarme und die Handgelenke kommen vor allem aus dem unteren Bereich der Halswirbelsäule und dem oberen Abschnitt der Brustwirbelsäule. Dementsprechend wird das ganze Gebiet, aber nur rechts und links der Wirbelsäule, massiert. Der untere Halswirbel ist einfach zu erkennen, denn er steht etwas hervor und bewegt sich nicht, wenn Sie den Kopf wenden.

Führen Sie die Massage gegebenenfalls nach der Ohrakupressur durch.

Schmerzstellen behandeln

Bei schlanken Menschen besteht die Gefahr, daß man bei einer lokalen Massage zu sehr auf den Knochen reibt. Wenn allerdings eine Muskel- oder Fettschicht vorhanden ist, können Sie mit der stumpfen Seite des Edelsteinstabs eine sanfte Massage durchführen. Dabei darf keine Verschlechterung auftreten.

Begleittherapie

Reiben Sie das Handgelenk zwei- bis dreimal täglich mit einem Gelenk- und Muskelöl ein.

Wenn Sie bei einem Sturz auf die Hände gefallen sind, nehmen Sie stündlich 3 Globuli des homöopathischen Mittels Arnica D6 oder D12.

Finger- und Daumenschmerzen

Bei Schmerzen und Taubheitsgefühl bei einem Teil der Finger, vor allem nachts, könnte es sich um ein sogenanntes Karpaltunnelsyndrom handeln. Die Ursache hierfür ist eine zu enge Stelle im Handgelenk. Durch Verwachsungen oder Ablagerungen werden die Nerven zeitweise eingeklemmt, was zu den Beschwerden führt. Gerade zu Beginn der Erkrankung können regelmäßige Akupressuren für das Handgelenk lindern.

Häufig ist auch Arthose oder eine Arthritis Schuld an den Schmerzen. Auch hier genügt nicht nur eine Behandlung. Wie bei diesen erwähnten Beschwerden, hilft vor allem die Ohrakupressur sehr gut.

Auch akute Schmerzen, beispielsweise durch Fingerklemmen, einen Schnitt oder eine Verbrennung, lassen sich durch Ohrakupressur lindern.

Bevorzugte Steine: Der Bergkristall sorgt für das Abschwellen und macht das Gelenk beweglicher. Der Amethyst lindert Schmerzen, und der Rosenquarz fördert die Durchblutung.

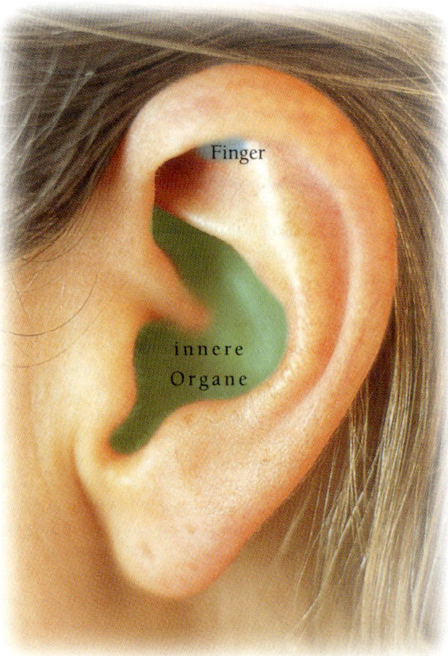

Ohrakupressur

Die Finger im Ohr zu finden, ist nicht schwer, denn sie spiegeln sich im Ohr ganz oben wider. Bei Gelenkbeschwerden lassen Sie vor und während der Behandlung die Finger zur Kontrolle des Therapieerfolgs bewegen.

Bei einer akuten Verletzung fühlt man auch ohne Bewegung eine Besserung.

Bei akuten Schmerzen können Sie eine Ohrakupressur so oft wie nötig durchführen. Bei chronischen Erkrankungen ist eine regelmäßige Behandlung zwei- bis dreimal wöchentlich sinnvoller.

Wenn es sich um eine rheumatische Erkrankung, also beispielsweise Arthrose oder Arthritis handelt, ist eine ganzheitliche Behandlung hilfreich. Suchen und behandeln Sie alle schmerzempfindlichen Stellen im Bereich der inneren Organe.

Reflexzonenmassage

Nur bei chronischen Leiden der Finger kann eine Reflexzonenmassage lindern. Die Nerven für die Finger kommen vor allem aus dem unteren Bereich der Halswirbelsäule. Dementsprechend wird das kleine Gebiet, aber nur rechts und links der Wirbelsäule, massiert. Der untere Halswirbel ist einfach zu erkennen, denn er steht etwas hervor und bewegt sich nicht, wenn Sie den Kopf wenden.

Führen Sie die Massage gegebenenfalls nach der Ohrakupressur durch.

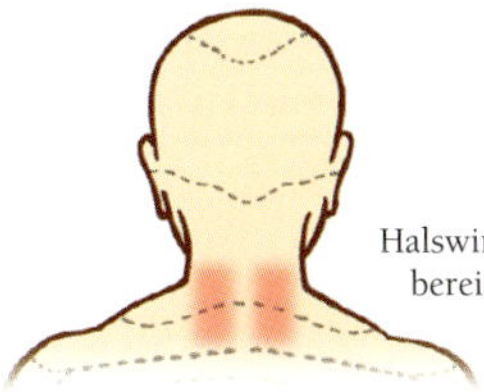

Fußreflexzonen-Massage
Im Sinne der ganzheitlichen Therapie kann es sehr hilfreich sein, den ganzen Körper an beiden Fußsohlen zu behandeln. Suchen Sie vor allem nach schmerzempfindlichen Stellen.

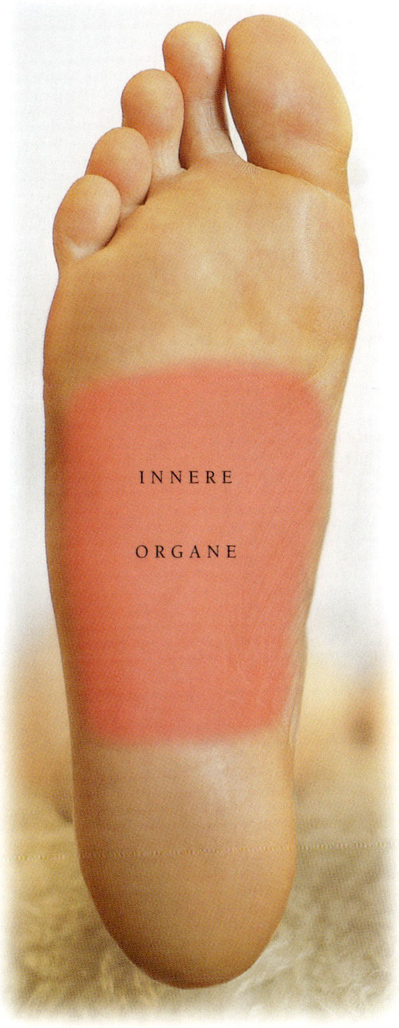

Begleittherapie
Reiben Sie die Hände zwei- bis dreimal täglich mit einem Gelenk- und Muskelöl ein.

Rückenschmerzen

Zu den Rückenschmerzen gehört natürlich auch die viel erwähnte Ischialgie, ein »Volksleiden«. Viele Therapeuten leben nur von der Behandlung derselben

Die Gründe sind hinreichend bekannt und lassen sich meistens nicht ändern. Mit einer gut durchgeführten Akupressur am Ohr oder an der Fußsohle, eventuell kombiniert mit einer Massage, kann man oft sogar Beschwerdefreiheit erzielen.

Bevorzugte Steine: Der Aventurin und der Amethyst lindern Schmerzen und Verspannungen, der Bergkristall hat abschwellende Wirkung und lindert Lähmungen, der Rosenquarz fördert die Durchblutung, und der Sodalith wirkt positiv auf die Nerven.

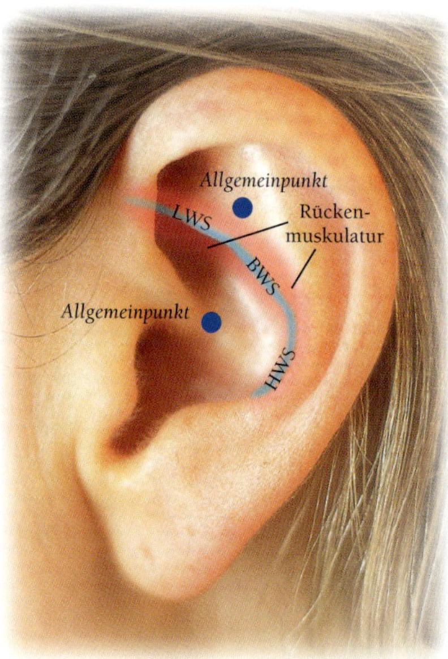

LWS = Lendenwirbelsäule (unterer Rücken)
BWS = Brustwirbelsäule (mittlerer Rücken)
HWS = Halswirbelsäule (oberer Rücken)

Ohrakupressur

Suchen und behandeln Sie zuerst die beiden Allgemeinpunkte. Der eine liegt an der Spitze des Dreiecks im oberen Bereich, und den anderen finden Sie in der Mitte des Stegs.

Die Behandlung der Wirbelsäule erfordert etwas Geschick und Übung, ist aber nicht so wichtig wie die Behandlung der Gebiete daneben, also der Rückenmuskulatur.

Diese ist, wie am Rücken auch, rechts und links neben der Wirbelsäule.

Das Areal der Rückenmuskulatur zu behandeln ist, bis auf das Ende der Wirbelsäule, also im Sakralbereich, einfach. Es ist schwierig, mit dem Stein unter den Rand zu kommen. Wenn Sie nicht verstehen, was ich meine, schauen Sie sich an einem »echten« Ohr die Rückenlinie an, und Sie werden sehen, daß die Linie bis unter den Ohrrand geht. Diesen Bereich müssen Sie nur sorgfältig behandeln, wenn die Rückenschmerzen ganz weit unten im Rücken gespürt werden, also fast schon im Po. Führen Sie für die Behandlung dort gegebenenfalls mit einer aufgebogenen Büroklammer durch.

Die Wirbelsäule selbst ist direkt auf der Kante widergespiegelt. Sie Akupressur dort erfordert etwas Geschick und Übung. Die falschen Stellen behandeln schadet nicht, also probieren und üben Sie es.

Je weiter oben die Schmerzen im Rücken sind, desto weiter unten am Ohr werden Sie die Hauptpunkte finden.

Bitten Sie die Person, die Sie behandeln, sich zwischendurch zu bewegen oder aufzustehen, um den Behandlungserfolg zu überprüfen. Sinnvollerweise sollte deshalb die Ohrakupressur für den Rücken im Sitzen erfolgen.

Wenn nach der Behandlung eines bestimmten Punktes eine signifikante Besserung eintritt, sollten Sie diesen Punkt so lange behandeln, bis keine weitere Besserung mehr eintritt.

Im Akutfall können Sie die Akupressur bis zu dreimal täglich durchführen. Bei chronischen Rückenschmerzen genügen zwei- bis drei Behandlungen in der Woche, über einen längeren Zeitraum.

Körperakupressur

Am Körper gibt es dafür sehr viele Punkte, die aber eine unterschiedliche Wirkung haben. Die Entscheidung, welche Punkte die richtigen sind, ist für den Laien zu schwierig. Aber ein Punkt im Gesicht wirkt sehr gut, wenn die Schmerzen im Lendenwirbelbereich sind. Der Punkt ist außerdem nicht mit Kleidung verpackt und einfach zu finden, denn er ist genau zwischen Oberlippe und Nase. Behandeln Sie ihn also für etwa 2 bis 3 Minuten mit der spitzen Seite des Edelsteinstabs.

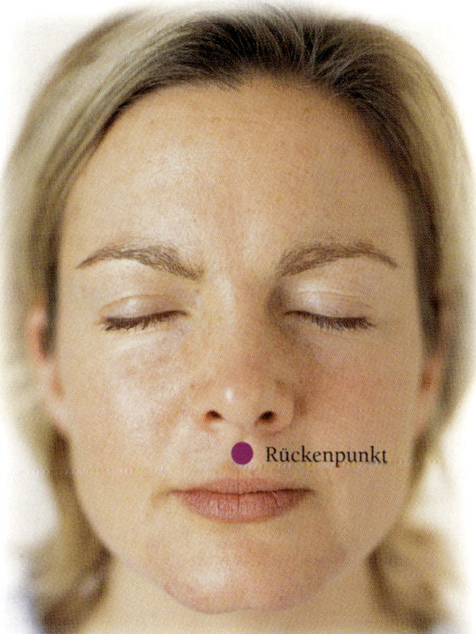

Lassen Sie zwischendurch, zur Überprüfung des Therapieerfolgs, den Schmerz bewußt fühlen.

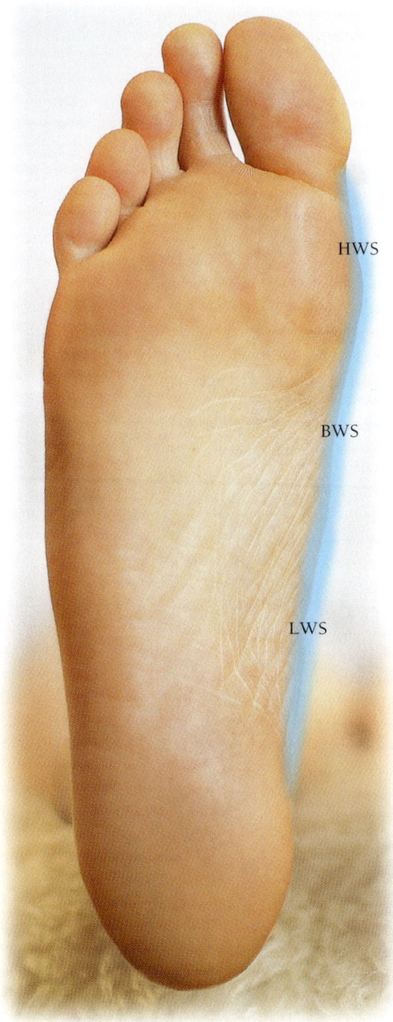

HWS = Halswirbelsäule (oberer Rücken)
BWS = Brustwirbelsäule (mittlerer Rücken)
LWS = Lendenwirbelsäule (unterer Rücken)

Fußreflexzonen-Massage

Bei akuten, starken Rückenschmerzen ist es oft nicht möglich, eine Fußreflexzonenmassage durchzuführen, denn schon das dafür nötige Auf-dem-Rücken-Liegen, ist oft unmöglich. Bei chronischen Problemen kann aber eine regelmäßige Behandlung zweimal wöchentlich, helfen.

Der Rücken befindet sich an beiden Fußsohlen an der jeweils zueinander stehenden Seite. Das ist einfach zu finden und mit der stumpfen Seite des Edelsteinstabs auch leicht zu behandeln. Gehen Sie behutsam vor, denn es könnte sonst zu schmerzhaft sein. Massieren Sie jeweils 5 Minuten das Areal an beiden Füßen. Lassen Sie danach die behandelte Person aufstehen. Fragen Sie, ob die Schmerzen nachgelassen haben. Eine kleine Besserung sollte verspürt werden.

Im Sinne der ganzheitlichen Therapie kann es sehr hilfreich sein, den ganzen Körper an beiden Fußsohlen, je 5 Minuten, zu massieren. Lassen Sie danach wieder das Schmerzempfinden überprüfen.

Massage

Massiert wird – mit der stumpfen Seite des Edelsteinstabs – das schmale Muskelgebiet rechts und links der Wirbelsäule. Der Schwerpunkt der Behandlung sollte natürlich im Bereich der schmerzenden Areale sein.

Verwenden Sie dafür ein Massageöl für die Muskulatur. Sollte im Akutfall das Liegen zu schmerzhaft sein, können Sie die Massage auch sitzend durchführen.

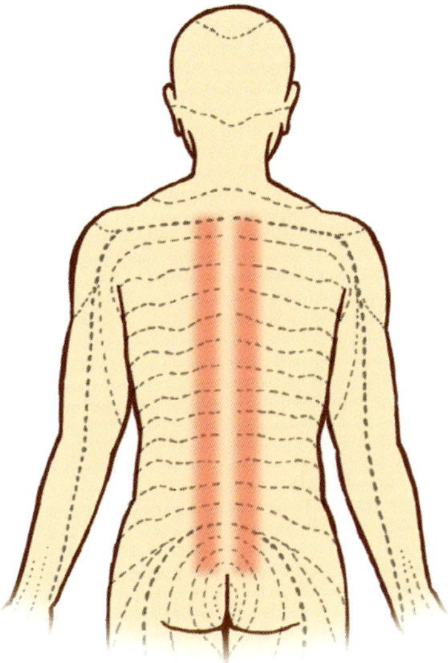

Begleittherapie
Meistens ist eine gut durchgeführte Akupressur hilfreicher als jede Begleittherapie. Aber ein Wärmekissen jeden Abend wird oft als angenehm empfunden.

Husten, Bronchitis, Lungenerkrankungen

Bei einer Lungenentzündung wird die Akupressur meistens als einzige Therapie nicht ausreichen, aber lindern und zur Heilung beitragen. Bei einer Bronchitis genügt in der Regel ein zusätzlicher pflanzlicher Hustenlöser, und Asthma bronchiale wird gelindert.

Handelt es sich um allergischen Husten, wird die Akupressur nur lindern, aber das Problem nicht lösen, denn die Ursache liegt in der Allergie, deren Behandlung für Laien zu schwierig ist.

Bevorzugte Steine: Der Bergkristall reinigt die Schleimhäute, läßt sie abschwellen und vertreibt Krankheiten. Der Fluorit wirkt auf Schleimhäute, und der Rutilquarz lindert Bronchialerkrankungen. Der Aventurin lindert Lungenleiden, und der Heliotrop steigert die Immunabwehr

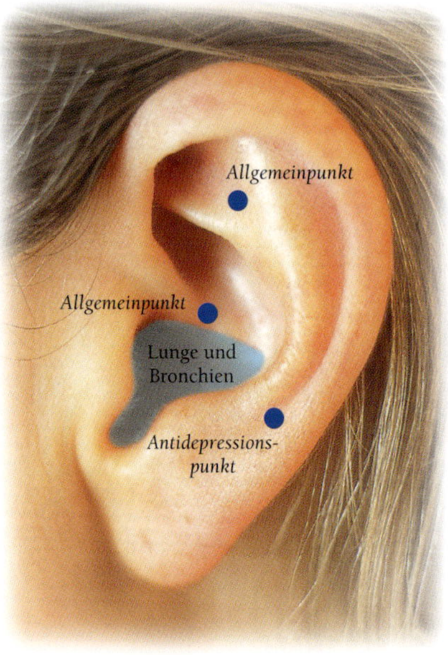

Ohrakupressur

Suchen und behandeln Sie zuerst die beiden Allgemeinpunkte. Der eine liegt an der Spitze des Dreiecks im oberen Bereich, und den anderen finden Sie in der Mitte des Stegs. Auch die Behandlung des Antidepressionspunktes, am Ende der Rinne des Ohrrands, wird guttun.

Da die Punkte für die Bronchien und die Lunge ganz nah beieinander liegen, ist es nicht so wichtig, was für eine Art der Erkrankung es ist. Sie finden sie im tiefer gelegenen Bereich, oberhalb des Ohrläppchens. Suchen Sie dort alles nach schmerzhaften Punkten ab. Behandeln Sie alle gefundenen Punkte an beiden Ohren für je 10 bis 20 Sekunden. Gehen Sie behutsam vor, der Bereich ist sehr schmerzempfindlich. Fragen Sie zwischendurch nach einer Besserung.

Führen Sie bei Bedarf zweimal täglich eine Akupressur durch.

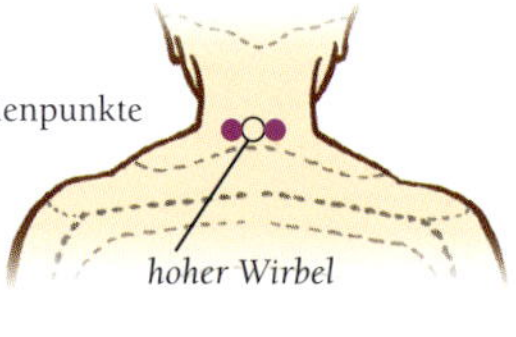

Körperakupressur

Die beiden Punkte sind einfach zu finden und wirkend lindernd auf die Bronchien. Suchen Sie am freien Oberkörper, oben an der Halswirbelsäule, nach dem Wirbel, der am meisten hervorsteht. Das läßt sich vor allem gut erkennen, wenn der Kopf nach vorne gebeugt wird. Zur Kontrolle, ob Sie ihn gefunden haben, berühren Sie ihn mit einem Finger und lassen Sie den Kopf drehen, der Wirbel bleibt stehen.

Je einen halben Fingerbreit entfernt von diesem Wirbel finden Sie die beiden Punkte. Drücken Sie die spitze Seite des Edelsteinstabs nacheinander auf beiden Seiten, für je 2 bis 3 Minuten, dorthin. Es darf nicht schmerzhaft sein. Kombinieren Sie diese Behandlung mit der Ohrakupressur oder der Fußreflexzonenmassage. Zusätzlich können Sie eine Reflexzonenmassage durchführen.

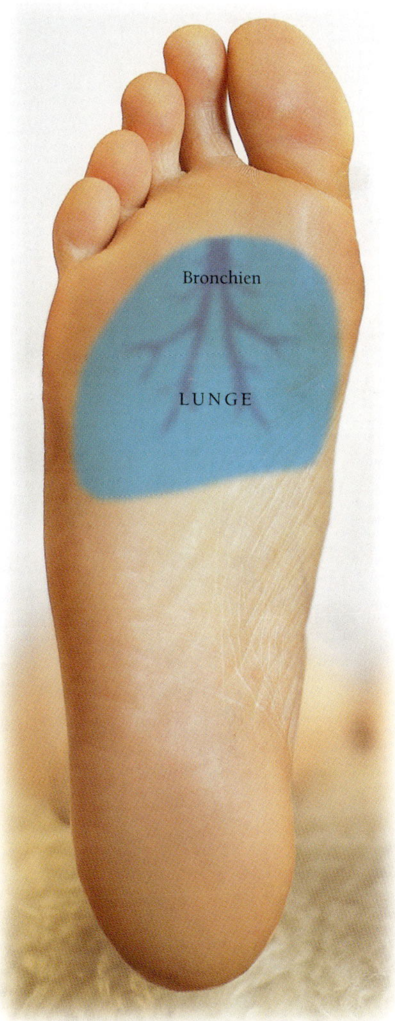

Fußreflexzonen-Massage

Der Bereich der Bronchien und der Lunge ist in der Fußsohle recht groß und einfach zu finden. Massieren Sie, etwa je 10 Minuten, den ganzen Bereich in beiden Füßen mit der stumpfen Seite des Edelsteinstabs. Fahren Sie kreisend im ganzen Gebiet umher, schmerzhafte Stellen können Sie etwas länger behandeln. Die Massage muß aber als angenehm empfunden werden. Dabei fragen Sie mehrfach, ob eine Erleichterung verspürt wird.

Reflexzonenmassage

Eine Reflexzonenmassage kann sehr lindernd wirken, zumal bei Erkältungen auch oft Rückenverspannungen dazu kommen. Meistens sogar im Brustwirbelbereich. Entsprechend wird auch dort behandelt.

Massieren Sie, mit der stumpfen Seite des Edelsteinstabs, etwa 20 Minuten, nur den schmalen Bereich rechts und links der Brustwirbelsäule. Bei zusätzlichen Rückenschmerzen im

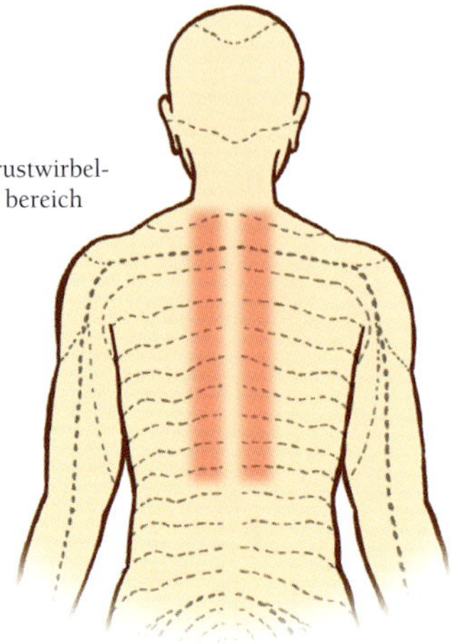

unteren Bereich, können Sie auch entsprechend weiter unten mitbehandeln.

Begleittherapie
Zur Verflüssigung des Schleims muß viel getrunken werden, denn zäher Schleim läßt sich schlechter abhusten. Zur Schleimlösung kann zusätzlich regelmäßig ein Thymian- oder anderer Hustentee getrunken werden.

Rippenschmerzen

Akutes Jucken und leichte Schmerzen zwischen den Rippen können auf eine beginnende Gürtelrose hinweisen. Beginnende und vorhandene Gürtelrosen sind ein häufiger Grund für teilweise sehr heftige Schmerzen im Bereich der Rippen. Manchmal, vor allem bei älteren Menschen, kann es bis zu Heilung Monate oder gar Jahre dauern. Im schlimmsten Fall bleiben die Schmerzen, und auf der Haut ist nichts mehr zu sehen. In allen Fällen, auch bei anderen Gründen, lindert eine regelmäßig durchgeführte Akupressur.

Geprellte oder gebrochene Rippen schmerzen heftig und heilen schneller mit der Akupressur.

Bevorzugte Steine: Der Amethyst lindert Nervenschmerzen, ebenso der Sodalith. Der Bergkristall läßt abschwellen und vertreibt Krankheiten.

Ohrakupressur

Suchen und behandeln Sie zuerst die beiden Allgemeinpunkte. Der eine liegt an der Spitze des Dreiecks im oberen Bereich, und den anderen finden Sie in der Mitte des Stegs. Auch die Behandlung des Antidepressionspunktes, am Ende der Rinne des Ohrrands, wird guttun.

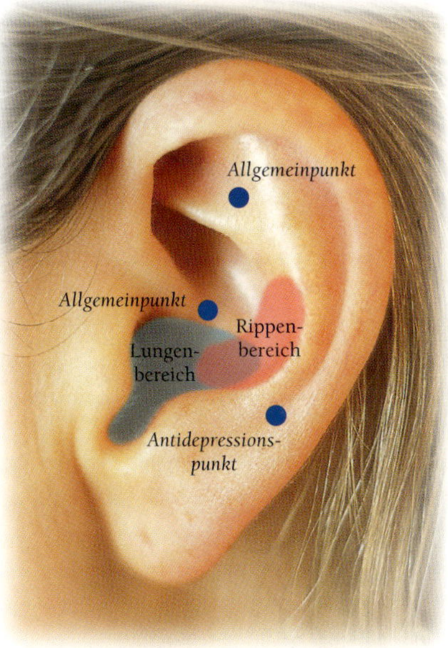

Die Rippenbereich im Ohr finden Sie rechts und links der Kante, auf der die Brustwirbelsäule widergegeben ist. Suchen Sie dort und auf der Kante nach schmerzempfindlichen Punkten. Bedenken Sie, daß die Rippen die Lunge umschließen, entsprechend werden Sie möglicherweise dort auch Punkte finden.

Zur Kontrolle des Therapieerfolgs, lassen Sie sich sagen, ob die Schmerzen nachlassen. Rippen und Zwischenrippenräume schmerzen auch ohne Bewegung, meistens schon durch das Atmen.

Bei starken Schmerzen, behandeln Sie zweimal täglich für je 10 bis 15 Minuten.

Fußreflexzonen-Massage

Da die Rippen die Lunge umschließen, muß auch dieser Bereich an der Fußsohle, etwa 10 bis 15 Minuten, mit der stumpfen Seite des Edelsteinstabs massiert werden. Schmerzempfindliche Stellen sollten Sie verstärkt behandeln.

Wenn die Rippenschmerzen sich lokal auf einen Punkt konzentrieren, durch zum Beispiel einen Sturz, dürfen Sie auch eine einzelne, auffällig stark schmerzende Stelle im Fuß, vorsichtig mit der Spitze behandeln. Verweilen Sie an diesem Punkt 2 Minuten.

Doch fügen Sie keinen starken Schmerz zu, Fußsohlen können extrem empfindlich ein. Fragen Sie zwischendurch, ob die Schmerzen nachlassen.

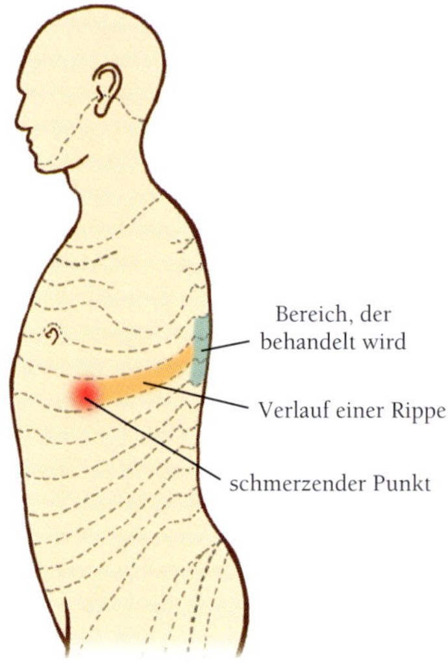

Reflexzonenmassage

Bei einer Gürtelrose darf die Reflexzonenmassage nicht durchgeführt werden. In allen anderen Fällen kann sie lindernd wirken. Wenn Sie schon einmal ein Skelett im Original oder in Abbildung gesehen haben, werden Sie erkannt haben, daß die Rippen in ihrem Verlauf schräg nach unten gehen. Sie können das auch, sofern Sie schlank genug sind, an Ihren Rippen fühlen, indem Sie mit einem Finger auf einer Rippe entlangfahren.

Wenn also eine Stelle vorne an den Rippen schmerzt, so finden Sie die Reflexzone im Rücken etwas höher. Entsprechend muß auch der etwas höher liegende Bereich rechts und links der

Wirbelsäule massiert werden. Behandeln Sie, auch bei einseitigen Schmerzen, immer beide Seiten.

Die Zeichnung zeigt ein Beispiel.

Schmerzstellen behandeln

Eine Massage der schmerzenden Stelle wird möglicherweise nicht helfen, vielmehr versuchen Sie, ob es Linderung verschafft, wenn Sie den Stein für 30 Minuten auf die Stelle legen.

Begleittherapie

Prellungen und Verstauchungen müssen die ersten beiden Tage mehrmals täglich gekühlt werden, danach ist Wärme meistens besser. Reiben Sie mehrfach täglich die Rippen mit einem Muskel- und Gelenköl ein.

Bei der Gürtelrose ein Präparat mit Vitamin B1 und B6 einnehmen und zu einem Arzt/Ärztin oder Heilpraktiker/in gehen.

Herzschmerzen, Herzunruhe

Die Gründe für Herzprobleme können sehr vielseitig sein, treten sie häufig auf, sollte die Ursache abgeklärt werden.

Treten sie nach dem Essen auf, könnte die Ursache im zu vollen Magen oder Dickdarm liegen. Dadurch wird Druck auf das Herz ausgeübt, es verschiebt sich leicht in der Achse, was zu heftigen Problemen führen kann. Hier muß der Magen-Darm-Bereich therapiert werden.

Mit Herzunruhen meine ich, daß das Herz kurzzeitig, durch beispielsweise Aufregung, unregelmäßig oder zu schnell schlägt. Oftmals ist aber keine Ursache erkennbar, oder die Probleme treten plötzlich und in geringem Maße auf. Sie können dann eine Akupressur durchführen, sollten aber immer bedenken, daß auch schwere Herzleiden manchmal nur geringe Schmerzen verursachen.

Bevorzugte Steine: Der Rosenquarz und der Aventurin sind für das Herz gut. Der Amethyst und der Aventurin helfen gegen Unruhe und wirken schmerzlindernd. Der Rutilquarz gibt Kraft und lindert die Angst bei Herzbeschwerden, und der Sodalith wirkt beruhigend.

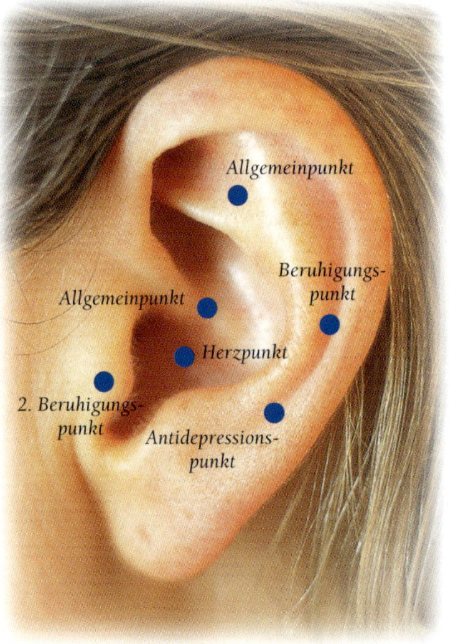

Ohrakupressur

Suchen und behandeln Sie zuerst die beiden Allgemeinpunkte. Der eine liegt an der Spitze des Dreiecks im oberen Bereich, und den anderen finden Sie in der Mitte des Stegs. Auch die Behandlung des Antidepressionspunktes, am Ende der Rinne des Ohrrands, und der Beruhigungspunkte in der Rinne und gegenüber, wird guttun.

Besonders wichtig ist aber die Behandlung der Punkte für das Herz.

Sie liegen dicht beieinander – das Herz ist ja auch relativ klein – in der Mitte des tiefer gelegenen Bereichs im Ohr. Vorsicht, die Stelle kann sehr schmerzempfindlich sein.

Behandeln Sie nicht nur das linke Ohr, denn das Herz liegt mittig, links in der Brust, ein Teil wird also auch im rechten Ohr widergespiegelt.

Bei akuten Herzschmerzen kann eine einmalige Behandlung helfen. Bei chronischen Herzproblemen sollte zwei- bis dreimal wöchentlich eine Behandlung durchgeführt werden. Sie kann gut mit einer Reflexzonenmassage kombiniert werden.

Fußreflexzonen-Massage

Im Sinne der ganzheitlichen Therapie kann es sehr hilfreich sein, den ganzen Körper an beiden Fußsohlen zu behandeln. Suchen Sie vor allem nach schmerzempfindlichen Stellen.

Der Schwerpunkt der Behandlung, durchgeführt mit der stumpfen Seite des Edelsteinstabs, liegt aber in der Massage der Herzgegend. Der Druck sollte etwas stärker sein, denn er muß beruhigend wirken.

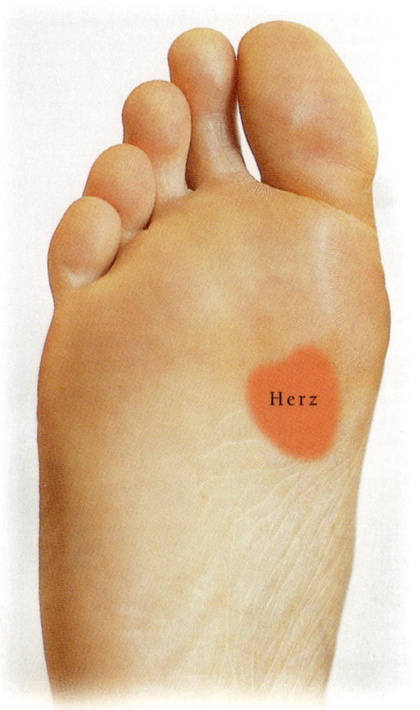

Reflexzonenmassage

Die Nerven, die aus der Brustwirbelsäule kommen, versorgen auch das Herz und die dazugehörigen großen Arterien und Venen. Massieren Sie also, etwa 20 bis 30 Minuten, mit der stumpfen Seite des Edelsteinstabs neben der gesamten Brustwirbelsäule. Verwenden Sie dabei gegebenenfalls das beruhigend wirkende Lavendel-Massageöl.

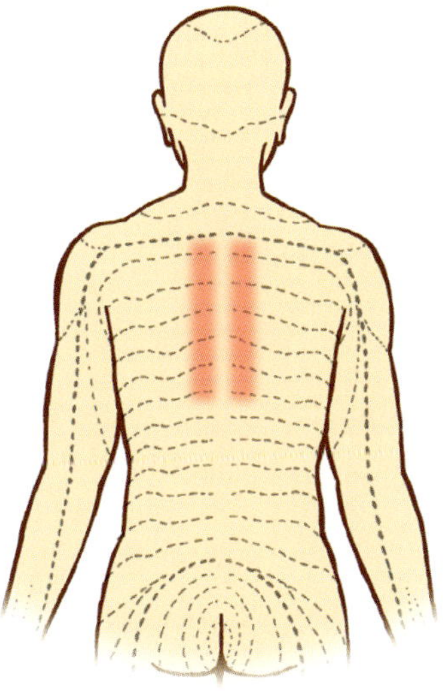

Begleittherapie

Bei Herzunruhe kann Baldrian durchaus lindernd wirken.

Für die meisten Herzprobleme und die entsprechende Therapie ist allerdings eine Diagnose nötig, die sehr vielfältig sein kann und für den Laien nicht so leicht zu stellen ist.

Niedriger Blutdruck, Kreislaufversagen

Gegen niedrigen Blutdruck ist kaum ein »Kraut« gewachsen – so lindert die Akupressur auch nur bei langfristiger Anwendung. Bei Kreislaufversagen die Beine hoch lagern und bei Bedarf nicht zögern, den Rettungswagen anzufordern. Besteht der Verdacht, daß das Gehirn oder das Herz beteiligt ist, dürfen die Beine nicht hochgelagert werden.

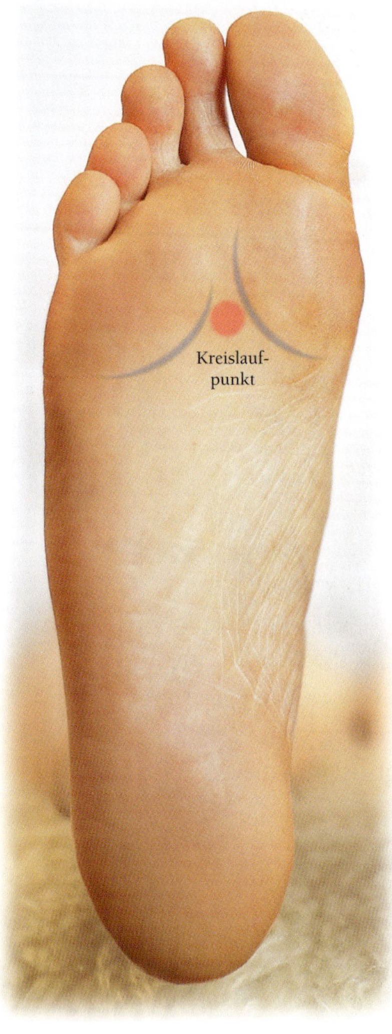

Bevorzugte Steine: Der Bergkristall gibt Energie, und der Rosenquarz tut dem Herzen gut. Der Heliotrop gibt Kraft, und der Rutilquarz gibt Stabilität. Eine beruhigende Wirkung haben der Amethyst und der Sodalith

Körperakupressur

Da es einen sehr wirksamen Akupressurpunkt an der Fußsohle gibt, möchte ich diesen nicht unerwähnt lassen. Eingesetzt wird er bei akutem Kreislaufversagen durch zu niedrigen Blutdruck.

In der chinesischen Rettungsmedizin gibt es Akupunkteure, die mit einem gekonnten heftigem, gezielt durchgeführten Schlag auf die Fußsohle den akuten Zustand eines Kreislaufversagens beenden können.

Dieser Punkt gehört zur Körperakupunktur, darf aber auf keinen Fall mit einer Nadel gestochen werden, denn die Schmerzen dabei sind unerträglich.

Er ist recht einfach zu fühlen, denn er liegt in einer kleinen Grube in der oberen Mitte der Fußsohle. Drücken Sie die stumpfe Seite des Edelsteinstabs für einige Sekunden an diese Stelle. Nur im absoluten Notfall, und nur dann, dürfen Sie die spitze Seite verwenden, aber Vorsicht, das schmerzt heftig.

Ohrakupressur
Bei Kreislaufversagen führen Sie zuerst die Akupressur an der Fußsohle wie oben beschrieben durch.

Bei niedrigem Blutdruck sollten Sie im Sinne einer ganzheitlichen Therapie das gesamte Ohr nach schmerzempfindlichen Stellen absuchen und je etwa 10 Sekunden behandeln. Diese Ohrakupressur soll, bei regelmäßiger Durchführung, den ganzen Körper und den Kreislauf stabilisieren.

Begleittherapie
Die homöopathischen Tropfen Campher in der Urtinktur oder als D1 können kurzfristig zur Blutdrucksteigerung beitragen.

Magenschmerzen, Oberbauchschmerzen

Oberbauchbeschwerden, mit und ohne Übelkeit oder Erbrechen, kommen sehr häufig vor. Das kann eine Erkrankung sein oder auch einfach nur Aufregung, die einem »auf den Magen geschlagen« ist. Es können auch Probleme mit dem Dickdarm sein, denn er geht in der Nähe des Magens vorbei. Auch Gallenprobleme werden gelegentlich mit Magenschmerzen verwechselt. Da das alles nah beieinander liegt, ist für die Akupressur eine Diagnose zweitrangig.

Bevorzugte Steine: Der Fluorit wirkt auf Schleimhäute, der Amethyst lindert Schmerzen und beruhigt, und der Bergkristall vertreibt Krankheiten. Der Aventurin und der Rutilquarz wirken entspannend bei Aufregungen.

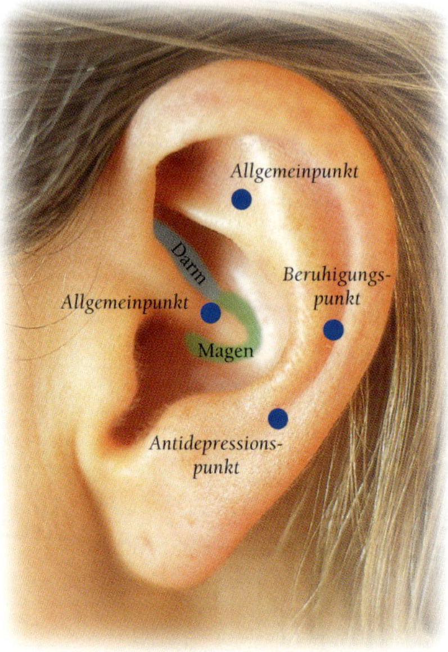

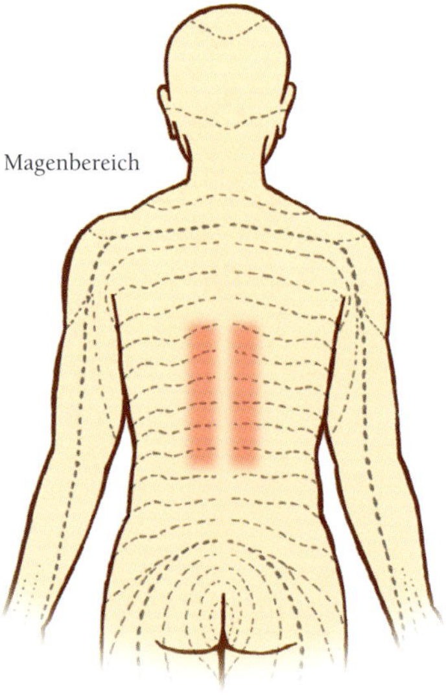

Ohrakupressur

Suchen und behandeln Sie zuerst die beiden Allgemeinpunkte. Der eine liegt an der Spitze des Dreiecks im oberen Bereich, und den anderen finden Sie in der Mitte des Stegs. Auch die Behandlung des Antidepressionspunktes, am Ende der Rinne des Ohrrands und des Beruhigungspunktes in der Rinne, wird guttun.

Im tieferen Bereich, halbrund um den Steg, liegt der Magen. Suchen Sie den ganzen Bereich nach schmerzempfindlichen Punkten ab. Nach einer Behandlung mit der spitzen Seite des Edelsteinstabs sollte eigentlich schnell eine Besserung eintreten. Fragen Sie zwischendurch danach. Gerade bei akuten Magen und Magen-Darmerkrankungen kann eine Ohrakupressur, mehrfach täglich durchgeführt, sehr gut helfen. Suchen Sie gegebenenfalls auch den anschließenden Darmbereich nach Schmerzstellen ab.

Chronische Magenleiden werden zwei- bis dreimal wöchentlich behandelt.

Fußreflexzonen-Massage

Im Sinne der ganzheitlichen Therapie kann es sehr hilfreich sein, den ganzen Körper an beiden Fußsohlen zu behandeln. Suchen Sie vor allem nach schmerzempfindlichen Stellen.

Der Magen liegt an der Fußsohle unterhalb des Fußballens. Massieren Sie an beiden Füßen diesen Bereich für je 5 Minuten. Fragen Sie zwischendurch, ob eine Besserung eingetreten ist. Bei Durchfall oder Verstopfung ist die Massagerichtung wichtig. Schauen Sie also im entsprechenden Kapitel nach.

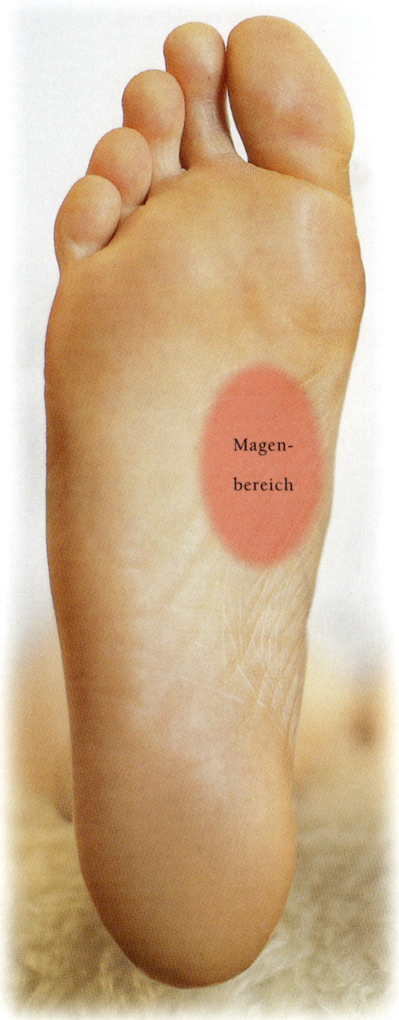

Reflexzonenmassage

Bei chronischen Magenleiden kann eine regelmäßig durchgeführte Massage des entsprechenden Gebiets unterstützend wirken.

Die Nerven des unteren Brustwirbelbereichs versorgen auch den Magen. Massieren Sie dort also etwa 20 Minuten mit einem Massageöl oder, bei nervösem Magen, mit Lavendelmassageöl.

Begleittherapie

Kamillen- und Süßholztee sind bekanntlich entzündungshemmend. (Süßholztee nicht bei zu hohem Blutdruck anwenden.) Pfefferminz- und Ingwertee lindern Übelkeit.

Leber- und Gallenprobleme, Völlegefühl

Leber-Gallenleiden sind Volksleiden. Dazu gehören Gallensteine, die allerdings auch unentdeckt bleiben können und bei Beschwerdefreiheit auch nicht behandlungsbedürftig sind. Häufig liegen die Probleme aber auch in falscher, zu fetter Ernährung und zuviel Alkoholkonsum, was zur Fettleber führt. Bei Darmpilzen werden durch Gärungen Fuselalkohole gebildet, die über die Leber abgebaut werden.

Egal was die Ursachen sind, also auch bei gefürchteten, schmerzhaften Gallenkoliken, kann eine Akupressur durchaus lindern.

Bevorzugte Steine: Der Amethyst lindert Schmerzen, der Fluorit wirkt auf Schleimhäute, und der Bergkristall vertreibt Krankheiten.

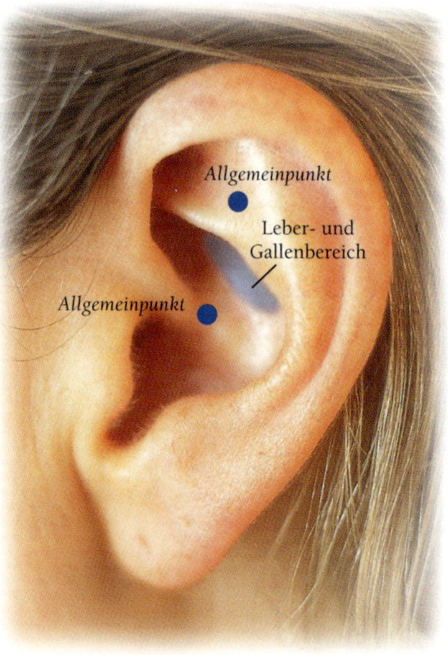

Ohrakupressur

Suchen und behandeln Sie zuerst die beiden Allgemeinpunkte. Der eine liegt an der Spitze des Dreiecks im oberen Bereich, und den anderen finden Sie in der Mitte des Stegs.

Die Galle finden Sie im Unterleibsbereich, da wo die Leber widergespiegelt wird.

Nach einer Behandlung mit der spitzen Seite des Edelsteinstabs sollte eigentlich schnell eine Besserung eintreten. Fragen Sie zwischendurch danach. Gerade bei akuten Gallenschmerzen kann eine Ohrakupressur, mehrfach täglich durchgeführt, sehr gut helfen.

Chronische Leber-Gallenleiden werden zwei- bis dreimal wöchentlich behandelt.

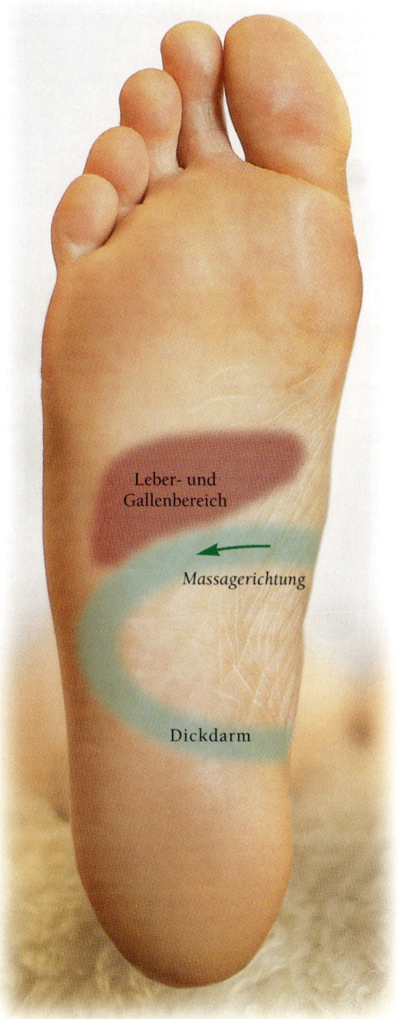

Fußreflexzonen-Massage

Leber und Galle liegen fast in der Mitte der Fußsohle. Massieren Sie an beiden Füßen diesen Bereich für je 5 Minuten. Bei akuten Schmerzen fragen Sie zwischendurch, ob eine Besserung eingetreten ist.

Gallenprobleme sind manchmal mit Verstopfung verbunden, massieren Sie in dem Fall den Dickdarm. Dabei ist es wichtig, daß Sie im Darmverlauf von oben nach unten massieren, sonst wird die Verstopfung verstärkt.

Chronische Leber-Galleleiden werden zwei- bis dreimal wöchentlich behandelt.

Im Sinne der ganzheitlichen Therapie kann es sehr hilfreich sein, den ganzen Körper an beiden Fußsohlen zu behandeln. Suchen Sie vor allem nach schmerzempfindlichen Stellen.

Reflexzonenmassage

Bei chronischen Leiden kann eine regelmäßig durchgeführte Reflexzonenmassage langfristig Linderung verschaffen. Da die Leber-Gallebeschwerden häufig auch von Verdauungsstörungen begleitet werden, sollte der entsprechende Bereich auch massiert werden.

Massieren Sie also, etwa 20 Minuten, rechts und links des unteren Brustwirbel- und des gesamten Lendenwirbelbereichs.

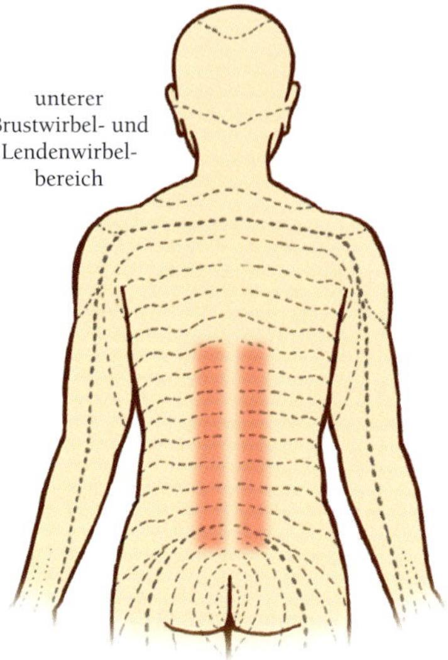

Kombinieren Sie die Massage mit der Ohrakupressur oder der Fußreflexzonenmassage.

Begleittherapie
Pfefferminztee, das Gewürz Cumin (zum Beispiel in Curry) und Löwenzahnwurzeltee regen die Galle an, was das Völlegefühl nach fettem Essen lindert.

Bei Blähungen kann auch ein Kümmel- oder Fencheltee helfen.

Wenn die Gallenproblematik ihre Ursache in der Leber hat, helfen in vielen Fällen, über einen langen Zeitraum eingenommen, Mariendistelpräparate.

Darmkrämpfe, Verstopfung, Durchfall

Da es im oberen Bereich des Dünndarms keine schmerzweiterleitende Nerven gibt, haben die meisten Schmerzen im Bauchbereich mit dem Dickdarm zutun. Da der Dickdarm zur Hauptaufgabe hat, den Stuhl einzudicken, ist er auch meistens für Durchfall und Verstopfung zuständig. Bei Gallenproblemen kann es durchaus zu schmerzhaften Blähungen kommen. In dem Fall muß also die Leber/Galle mitbehandelt werden.

Bevorzugte Steine: Der Aventurin und der Amethyst lösen Verkrampfungen, geben Ruhe und lindern Schmerzen. Der Bergkristall vertreibt Krankheiten und hilft gegen Darmlähmungen bei Verstopfung. Der Fluorit wirkt auf Schleimhäute.

Ohrakupressur

Suchen und behandeln Sie zuerst die beiden Allgemeinpunkte. Der eine liegt an der Spitze des Dreiecks im oberen Bereich, und den anderen finden Sie in der Mitte des Stegs.

Leider ist es bei den meisten Ohren schwierig, mit der spitzen Seite des dicken Steins den gesamten Darm zu behandeln, denn ein Teil liegt unter dem Ohrrand, Richtung Schläfe. In diesem Ausnahmefall dürfen Sie für den versteckten Teil eine aufgebogene Büroklammer zum Behandeln benutzen. Das ist besser als keine Behandlung.

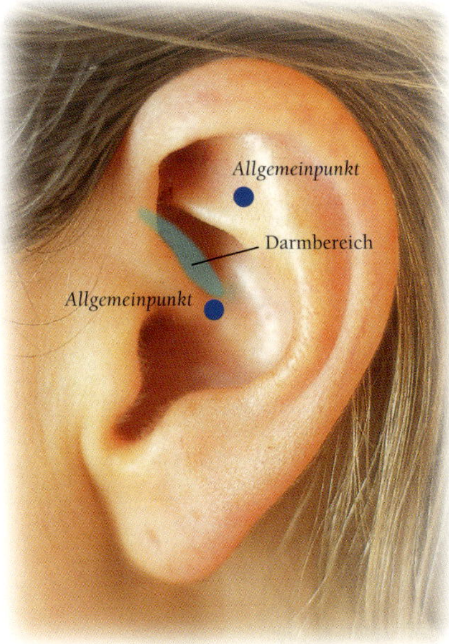

Nach einer Behandlung sollte eigentlich schnell eine Besserung eintreten. Fragen Sie zwischendurch danach. Gerade bei akuten Darmerkrankungen kann eine Ohrakupressur, mehrfach täglich durchgeführt, sehr gut helfen.

Chronische Darmleiden werden zwei- bis dreimal wöchentlich behandelt.

Fußreflexzonen-Massage

Der Dickdarm läßt sich an der Fußsohle einfach finden und gut behandeln. Er liegt etwas unterhalb des Großzehenballens und führt im Bogen zur Ferse. Oben am Großzehenballen liegt der Darmeingang und entsprechend hinten am Fuß der Darmausgang. Bei Verstopfung ist es also wichtig, intensiv in diese Richtung – also von oben nach unten – zu massieren. Bei Durchfall umgekehrt, außer es handelt sich um einen akuten Durchfall. In diesem Fall muß ja auch ein Krankheitsauslöser, also ein Keim, aus dem Darm heraus. Hier darf zwar auch Richtung Zehenballen massiert werden, aber nicht so intensiv.

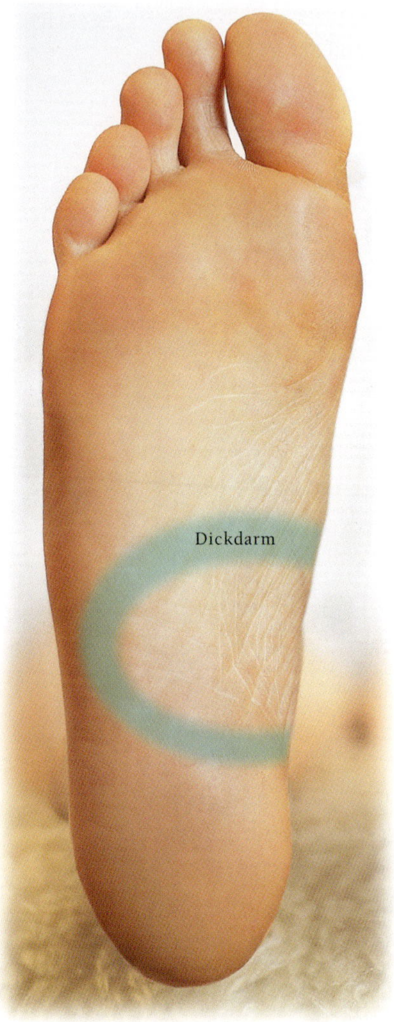

Bei Verstopfung sollte der Druck, ausgeübt mit der stumpfen Seite des Edelsteinstabs, schwach sein und bei Durchfall stärker.

Chronische Darmleiden, also auch Durchfall, werden durch eine regelmäßige Massage gelindert.

Im Sinne der ganzheitlichen Therapie kann es sehr hilfreich sein, den ganzen Körper an beiden Fußsohlen zu behandeln. Suchen Sie vor allem nach schmerzempfindlichen Stellen.

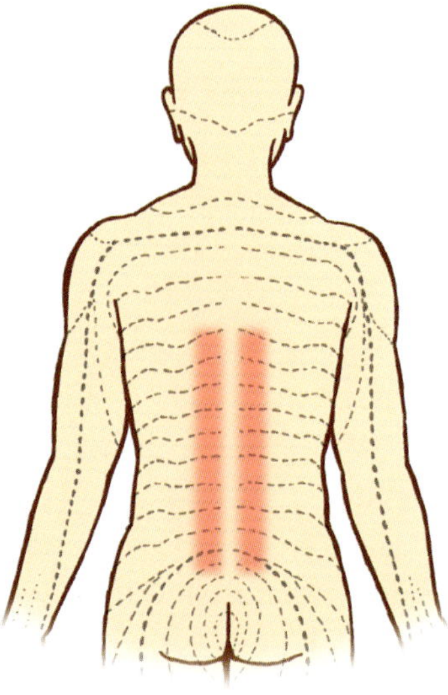

Reflexzonenmassage

Vor allem chronische Darmleiden können Sie, kombiniert mit einer Ohrakupressur oder einer Fußreflexzonenmassage, sehr gut über die Nerven am Rücken beeinflussen. Aber schon eine regelmäßig durchgeführte Massage kann ausreichen.

Massieren Sie also, etwa 20 Minuten, rechts und links des unteren Brustwirbel- und des gesamten Lendenwirbelbereichs.

Begleittherapie

Bei akutem Durchfall nehmen Sie zur Abtötung der Keime aufgelöste Kohletabletten oder Laktobakterien ein. Chronischen Durchfall sollten Sie abklären lassen.

Bei Verstopfung spielt auch oft Flüssigkeitsmangel eine Rolle. Leider werden auch teilweise jahrelang Abführmittel genommen, die irgendwann einmal nicht mehr wirken.

Menstruationsbeschwerden

Da Schmerztabletten oftmals nicht ausreichen, wird manchmal sogar die Pille verordnet. Die Menstruation läßt dann nach, die Schmerzen auch. Probieren Sie doch statt dessen erst einmal eine Akupressur.

Jeden Monat stößt die Gebärmutter die im Vormonat aufgebaute Schleimhaut ab, es kommt zur Blutung. Diese Schleimhaut ist im Falle einer Schwangerschaft wichtig und wird von der Natur monatlich erneuert. Eine vereinfachte, aber verständliche Erklärung. Viele Mädchen und Frauen wissen nichts darüber und »verfluchen« dieses Wunder der Natur – was die Schmerzen nicht gerade lindert.

Bevorzugter Stein: Der Rosenquarz ist ein ausgesprochener Frauenstein, der Fluorit wirkt auf Schleimhäute und der Amethyst lindert Schmerzen. Der Heliotrop entspannt die krampfende Gebärmutter während der Menstruation und fördert die Blutbildung, um den Blutverlust auszugleichen.

Ohrakupressur

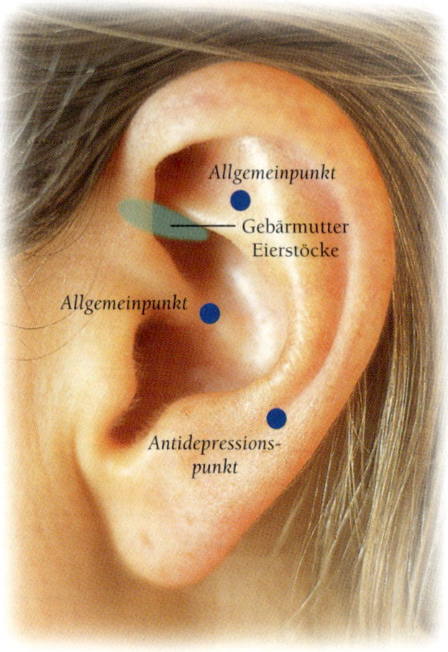

Suchen und behandeln Sie zuerst die beiden Allgemeinpunkte. Der eine liegt an der Spitze des Dreiecks im oberen Bereich, und den anderen finden Sie in der Mitte des Stegs. Auch die Behandlung des Antidepressionspunktes, am Ende der Rinne des Ohrrands, wird guttun.

Je nach Beschaffenheit des Ohrs, kann es schwierig sein, mit der Spitze des Edelsteinstabs an die zuständige Stelle zu kommen, denn sie liegt unter dem Rand Richtung Schläfe. In diesem Ausnahmefall verwenden Sie, zum Behandeln unter dem Rand, eine aufgebogene Büroklammer.

Nach einer Behandlung sollte eigentlich schnell eine Besserung eintreten. Fragen Sie zwischendurch danach. Gerade bei akuten Menstruationsschmerzen kann eine Ohrakupressur, mehrfach täglich durchgeführt, sehr gut helfen.

Fußreflexzonen-Massage

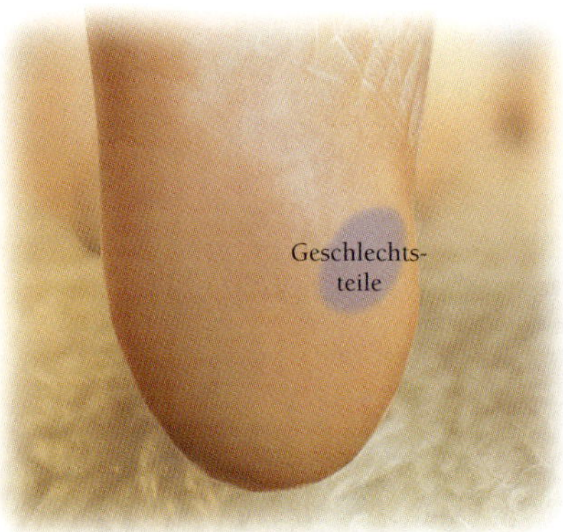

Die Geschlechtsteile liegen in der Fußsohle an der Innenseite der Ferse. Suchen Sie dort mit der stumpfen Seite des Edelsteinstabs nach schmerzhaften Stellen und massieren Sie diese.

Im Sinne der ganzheitlichen Therapie kann es sehr hilfreich sein, den ganzen Körper an beiden Fußsohlen zu behandeln.

Reflexzonenmassage
Der Lendenwirbel sollte breitflächig massiert werden. Verwenden Sie dafür ein Muskel-Massageöl und die stumpfe Seite des Edelsteinstabs. Oftmals kommen noch Rückenschmerzen in diesem Bereich dazu, entsprechend wird die Behandlung auch dagegen helfen

Bei regelmäßigen Menstruationsschmerzen sollten Sie ein- bis zweimal wöchentlich eine ganzheitliche Behandlung, kombiniert mit einer Fußreflexzonenmassage, durchführen.

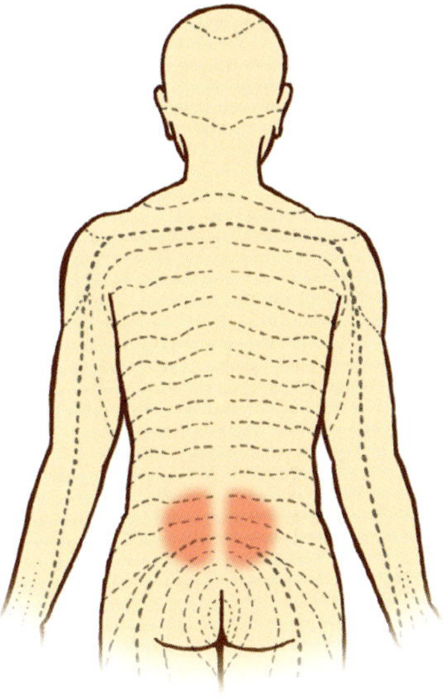

Begleittherapie
Das pflanzliche Mittel Agnus castus, der Mönchspfeffer, über einige Monate regelmäßig eingenommen, hilft in den meisten Fällen auch sehr gut.

Blasenentzündung, Nierenbeckenentzündung

Bei heißem Wetter kann ein ausgewachsener Mensch bis zu 5 Liter täglich ausschwitzen. In diesem Fall muß er mindestens 7 Liter trinken. Das ist ein Extrembeispiel. In meiner täglichen Praxisarbeit stelle ich immer wieder fest, daß die meisten Menschen zu wenig trinken. Eine Faustregel besagt: Körpergewicht durch 0,3 ergibt die Trinkmenge in Milliliter. Bei 70 kg Gewicht muß man also etwa 2,3 Liter Flüssigkeit trinken. Milch, Kola, Kaffee sowie schwarzer und grüner Tee werden nicht dazugezählt.

Bei zu geringer Flüssigkeitsmenge können sich Bakterien in der Blase vermehren, es kommt zur Entzündung, die bis in das Nierenbecken gehen kann, denn die Bakterien steigen dorthin auf.

Natürlich gibt es für Blasen- und Nierenbeckenentzündungen auch andere Gründe. Auf Grund der Tatsache, daß Blase und Niere zwar direkt miteinander zu tun haben, aber an unterschiedlichen Stellen im Körper sind, müssen auch zwei Bereiche behandelt werden. Nieren und Blase sind nur mit den beiden Harnleitern verbunden, die aber ebenfalls Probleme machen können.

Die Akupressur lindert sofort, reicht aber selten als einzige Therapie aus.

Bevorzugte Steine: Der Fluorit hat eine gute Wirkung auf die Schleimhäute, der Bergkristall sorgt für ein Abschwellen der Schleimhäute und vertreibt Krankheiten. Der Rosenquarz und der Heliotrop regen die Durchblutung an und der Amethyst lindert Schmerzen.

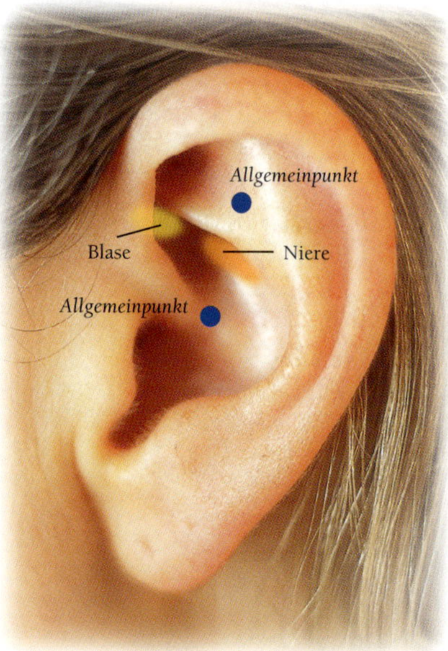

Ohrakupressur

Suchen und behandeln Sie zuerst die beiden Allgemeinpunkte. Der eine liegt an der Spitze des Dreiecks im oberen Bereich, und den anderen finden Sie in der Mitte des Stegs.

Behandeln Sie immer beide Bereiche, also Blase und Nieren, und gegebenenfalls das Gebiet dazwischen, für den Harnleiter, auch wenn nur die Blase betroffen ist.

Den unteren Teil der Blase werden Sie mit der spitzen Seite des Edelsteinstabs möglicherweise nicht erreichen. Ausnahmsweise können Sie dort mit einer aufgebogenen Büroklammer behandeln. Das ist immer noch besser als keine Behandlung.

Danach sollte eigentlich schnell eine Besserung eintreten. Fragen Sie zwischendurch danach. Gerade bei akuten Blasen- und Nierenbeckenentzündungen kann eine Ohrakupressur, mehrfach täglich durchgeführt, sehr gut helfen.

Chronische Blasen- und Nierenleiden werden zwei- bis dreimal wöchentlich behandelt.

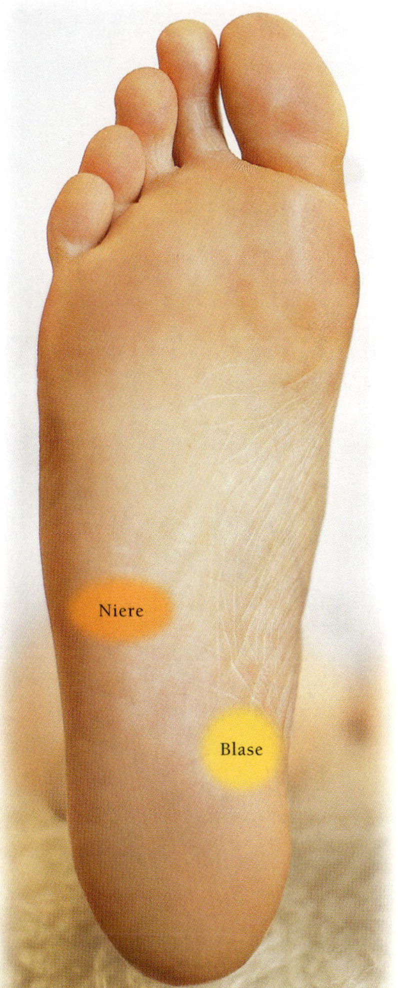

Fußreflexzonen-Massage

Im Sinne der ganzheitlichen Therapie kann es sehr hilfreich sein, den ganzen Körper an beiden Fußsohlen zu behandeln. Suchen Sie vor allem nach schmerzempfindlichen Stellen.

Niere und Blase sind an unterschiedlichen Stellen, wobei der Bereich dazwischen durchaus auch behandlungsbedürftig sein kann. Suchen Sie nach schmerzempfindlichen Stellen im ganzen Unterleibsbereich.

Zur Massage wird die stumpfe Seite des Edelsteinstabs verwendet.

Chronische Blasen- und Nierenleiden werden zwei- bis dreimal wöchentlich behandelt.

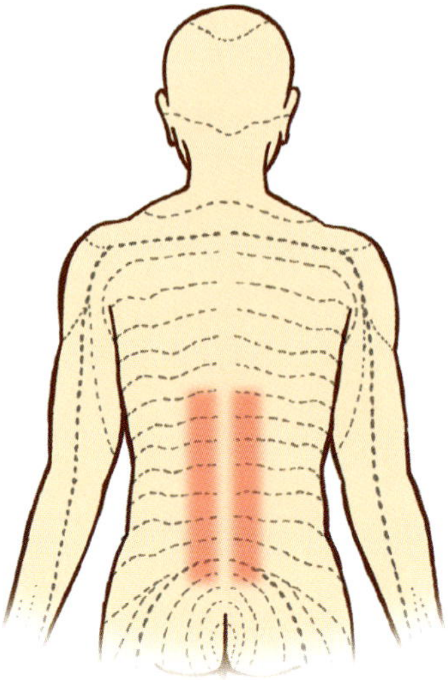

Reflexzonenmassage
Kombinieren Sie die Massage des ganzen Lendenwirbelbereichs und des unteren Brustwirbelbereich mit einer Ohrakupressur oder einer Fußreflexzonenmassage.

Die Nieren liegen nicht immer dort, wo sie hingehören, was aber selten Probleme verursacht. Gegebenenfalls müssen Sie also den mittleren Teil der Brustwirbelsäule mitmassieren.

Begleittherapie
Die allerwichtigste zusätzliche Therapie ist das Trinken von sehr viel Flüssigkeit. Dazu gehört auch ein Blasen- und Nierentee aus der Apotheke oder einfach nur Brennesseltee.

Wenn es beim Wasserlassen brennt, nehmen Sie stündlich 3 Globuli des homöopathischen Mittels Cantharis D6 oder D12.

Hüftschmerzen

Viele ältere Menschen leiden unter teilweise heftigen Schmerzen der Hüfte. In den meisten Fällen hat Arthrose den Gelenkknorpel zerfressen. Da künstliche Hüftgelenke zwar relativ einfach eingesetzt werden können, aber keine lange Haltbarkeit haben, werden die Operationen oft lange hinausgezögert.

Eine schmerzhafte Angelegenheit.

Ebenfalls im Alter kommt es häufig zum gefürchteten Oberschenkelhalsbruch. Dieser Knochen liegt ganz nah am Hüftgelenk.

Diese und alle anderen Hüftprobleme lassen sich vor allem mit Ohrakupressur lindern.

Bevorzugter Stein: Der Amethyst lindert Schmerzen, der Rosenquarz und der Heliotrop fördern die Durchblutung, und der Bergkristall vertreibt Krankheiten. Der Rutilquarz löst Spannungen und gibt Stabilität um »auf den Beinen stehen zu können«.

Ohrakupressur

Suchen und behandeln Sie zuerst die beiden Allgemeinpunkte. Der eine liegt an der Spitze des Dreiecks im oberen Bereich, und den anderen finden Sie in der Mitte des Stegs.

Die Hüfte ist leider nicht so leicht zu finden. Sie müssen also ein recht großes Gebiet nach einer schmerzempfindlichen Stelle absuchen. Bitten Sie die Person, die Sie behandeln, zwischendurch aufzustehen und umherzugehen. Überprüfen Sie so, ob Sie die richtigen Punkte gefunden haben. Wenn eine Besserung eintritt, gehen Sie erneut an die Punkte, an denen Sie unmittelbar zuvor waren.

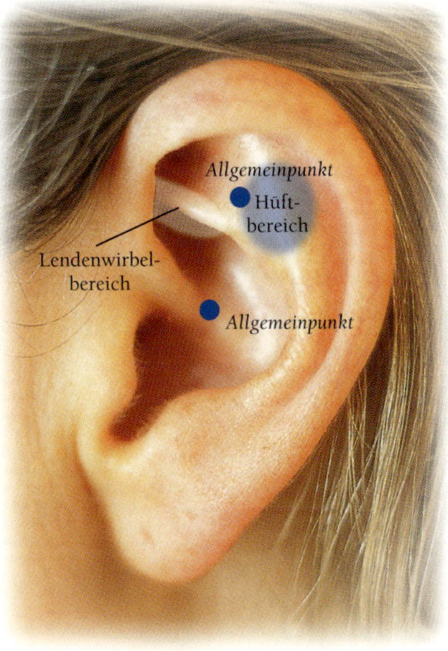

Suchen und behandeln Sie auch den Bereich der Lendenwirbelsäule. Auch hier müssen Sie den Behandlungserfolg zwischendurch kontrollieren. Tritt erst dann einen deutliche Besserung auf, und es war unsicher, wo die Schmerzen herkamen, kann auch der Rücken daran schuld sein, mit Schmerzausstrahlung in die Hüfte. Manchmal, vor allem bei akuten Hüftschmerzen, läßt sich das nur schwer unterscheiden.

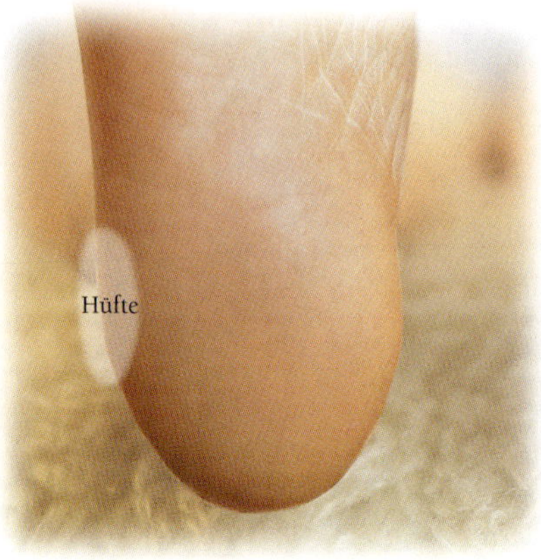

Fußreflexzonen-Massage
Gerade bei Arthrose in der Hüfte kann es im Sinne der ganzheitlichen Therapie sehr hilfreich sein, den ganzen Körper regelmäßig an beiden Fußsohlen zu behandeln. Suchen Sie vor allem nach schmerzempfindlichen Stellen.

Die Hüfte selbst finden Sie außen an der Ferse. Massieren Sie kreisend diesen kleinen Bereich mit der stumpfen Seite des Edelsteinstabs.

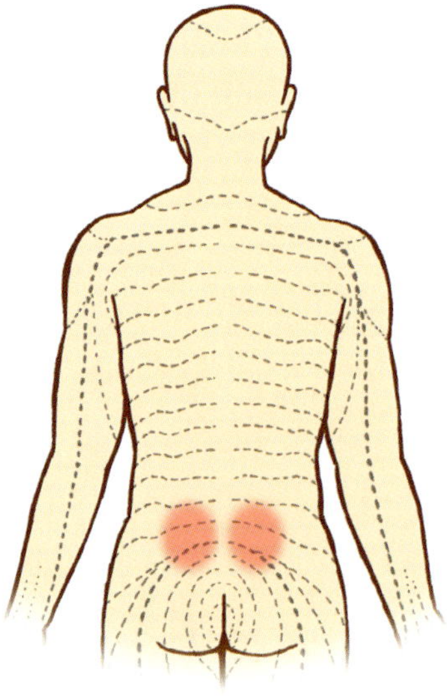

Reflexzonenmassage
Massiert wird der untere Lendenwirbelbereich und ein Teil des darunterliegenden Sakralbereichs.

Im Sinne einer ganzheitlichen Behandlung kann es zur allgemeinen Entgiftung gut sein, die gesamte Wirbelsäule, besser gesagt die Bereiche rechts und links daneben, regelmäßig zu massieren.

Begleittherapie
Täglich 3 Tassen Brennesseltee wirken entschlackend. Langfristig kann ein Teufelskrallenpräparat lindern.

Oberschenkelschmerzen

Schmerzen im Oberschenkel können ihre Ursache durchaus im Rücken haben. Der Ischiasnerv geht beispielsweise durch den Oberschenkel.

Aber auch Sportverletzungen und Venenentzündungen können Probleme im Oberschenkel verursachen.

Egal wo die Ursache liegt, die Akupressur kann lindern.

Bevorzugte Steine: Der Amethyst lindert Schmerzen und wirkt gegen Verspannungen. Der Heliotrop und der Rosenquarz fördern die Durchblutung, und der Bergkristall hilft gegen Lähmungen.

Ohrakupressur

Suchen und behandeln Sie zuerst die beiden Allgemeinpunkte. Der eine liegt an der Spitze des Dreiecks im oberen Bereich, und den anderen finden Sie in der Mitte des Stegs.

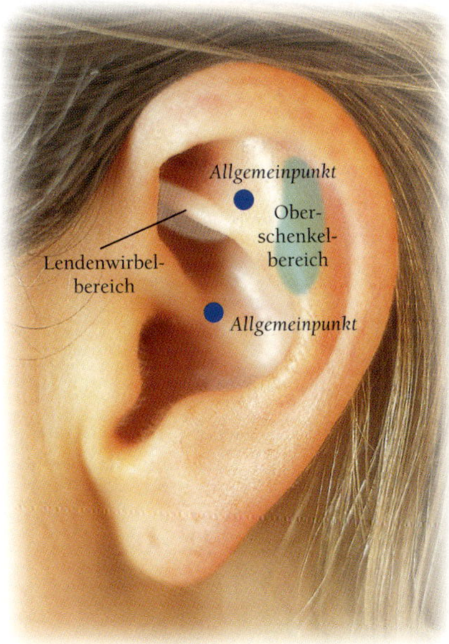

Das Gebiet des Oberschenkels ist groß, und die Punkte sind schwer zu finden.

Bitten Sie die Person, die Sie behandeln, zwischendurch aufzustehen und umherzugehen. Überprüfen Sie so, ob Sie die richtigen Punkte gefunden haben. Wenn eine Besserung eintritt, gehen Sie erneut an die Punkte, an denen Sie unmittelbar zuvor waren.

Wenn der Verursacher der Ischiasnerv ist, suchen und behandeln Sie auch den Bereich der Lendenwirbelsäule. Auch hier müssen Sie den Behandlungserfolg zwischendurch kontrollieren.

Im Akutfall können Sie zweimal täglich behandeln. Wenn die Schmerzen chronisch sind, ist es sinnvoller, nur zwei- bis dreimal in der Woche eine Behandlung durchzuführen.

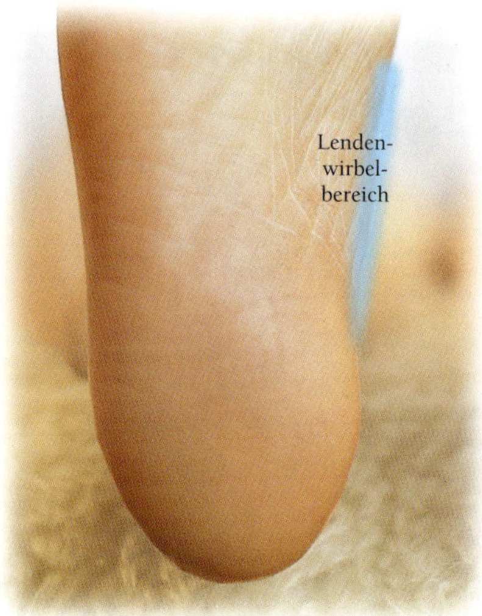

Fußreflexzonen-Massage

Wenn die Ursache im Rücken liegt, können Sie eine Massage des entsprechenden Gebiets durchführen. Der Lendenwirbelbereich liegt an der inneren Fußsohlenkante in Richtung Ferse. Suchen Sie also auch dort nach schmerzempfindlichen Stellen. Massieren Sie mit der stumpfen Seite des Steins. Wenn Sie einen speziellen, heftig schmerzenden Punkt finden, dürfen Sie auch vorsichtig mit der Spitze dorthin gehen. Bleiben Sie für 2 bis 3 Minuten auf dem Punkt. Möglicherweise haben Sie genau den betroffenen Wirbel gefunden.

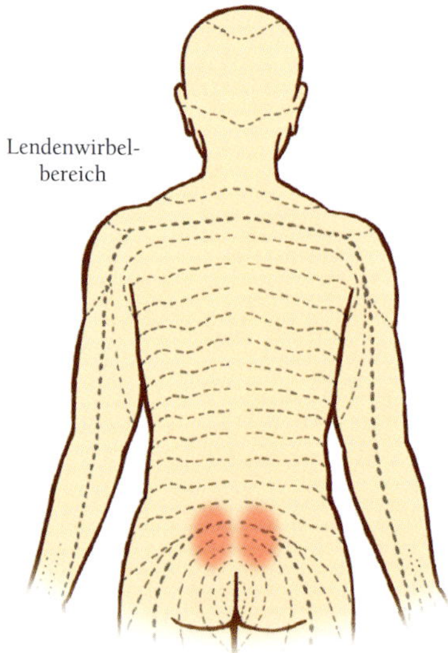

Reflexzonenmassage

Massieren Sie den Lendenwirbelbereich, denn ein Teil der dort entspringenden Nerven ziehen durch den Oberschenkel.

Führen Sie die Massage mit einem Muskelöl durch und kombinieren Sie sie mit einer Ohrakupressur oder Fußreflexzonenmassage.

Schmerzstellen behandeln

Wenn es sich um ein lokales Problem handelt, beispielsweise einem Muskelfaserriß, können Sie die betroffene Stelle auch lokal massieren, doch Vorsicht, das muß als wohltuend empfunden werden. Gegebenenfalls legen Sie den Edelsteinstab nur für eine Weile auf die Stelle.

Begleittherapie
Da die Ursachen zu individuell sind, kann ich kaum einen begleitenden Rat geben, außer Einreiben mit dem Muskel- und Gelenköl.

Bei akuten Verletzungen kann das homöopathische Mittel Arnica D12, stündlich 3 Globuli, hilfreich sein.

Venenentzündungen und akute Verletzungen müssen gekühlt werden.

Knieschmerzen

Das Knie ist ein stark belastetes und kompliziertes Gelenk. Die Folge ist, daß sehr viele Menschen damit Probleme haben. Die Ursachen können sehr unterschiedlich sein und lassen sich oft auch nur durch Operationen beseitigen. Egal, warum das Knie schmerzt, eine Akupressur kann immer lindernd wirken.

Bei leichteren Problemen reicht diese auch oft aus.

Bevorzugte Steine: Der Amethyst wirkt schmerzlindernd und löst Verspannungen. Der Bergkristall hilft gegen Schwellungen, und der Rosenquarz sowie der Helioptrop fördern die Durchblutung.

Ohrakupressur
Suchen und behandeln Sie zuerst die beiden Allgemeinpunkte. Der eine liegt an der Spitze des Dreiecks im oberen Bereich, und den anderen finden Sie in der Mitte des Stegs.

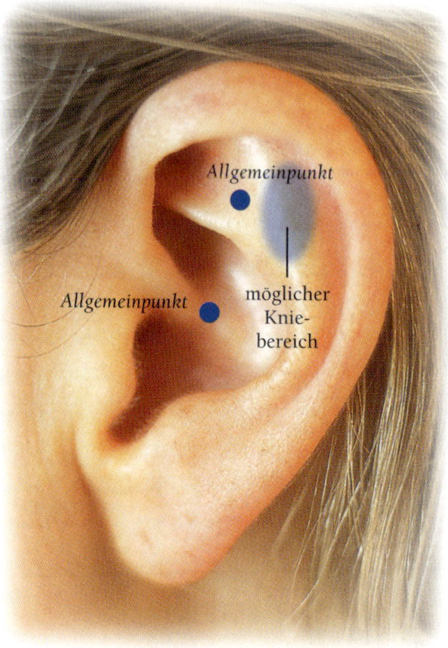

Das Gebiet, in dem das Knie ist, kann sehr groß sein und ist bei jedem Menschen an einer anderen Stelle. Suchen Sie das ganze in Frage kommende Gebiet ab und behandeln Sie alle schmerzempfindlichen Punkte. Lassen Sie zwischendurch oder während der Behandlung das Knie bewegen, Sie können dann beurteilen, ob Sie die richtigen Punkte gefunden haben.

Haben Sie Geduld dabei, denn gerade akute Schmerzen im Knie lassen sich gut lindern.

Schmerzstellen behandeln

Nur sehr vorsichtig darf, mit der stumpfen Seite des Edelsteinstabs, um das Knie herum massiert werden. Hervorstehende Knochen nicht direkt behandeln.

Begleittherapie

Akute Verletzungen des Knies müssen die ersten beiden Tage mehrmals täglich gekühlt werden, danach ist meistens Wärme besser. Reiben Sie mehrfach täglich das Knie mit einem Muskel- und Gelenköl ein.

Bei akuten Verletzungen kann das homöopathische Mittel Arnica D12, stündlich 3 Globuli, hilfreich sein.

Unterschenkel

Die so oft vorkommenden Wadenkrämpfe entstehen durch Magnesiummangel und müssen langfristig auch durch Ausgleich behandelt werden.

Verletzungen am Schienbein sind extrem schmerzhaft, was durch eine Akupressur gelindert werden kann. Die Heilung von Knochenbrüchen kann man damit unterstützen, ebenso eine Schmerzlinderung bei Krampfadern oder einer Venenentzündung erreichen.

Diese und andere Gründe für Schmerzen sprechen für eine Akupressur.

Bevorzugte Steine: Der Aventurin und der Amethyst wirken schmerzlindernd und lösen Verspannungen. Der Bergkristall hilft gegen Schwellungen, und der Rosenquarz fördert die Durchblutung.

Ohrakupressur

Selten sind Unterschenkelprobleme chronisch, suchen Sie also nur die Punkte für die Unterschenkel. Leider sind sie, wie alle Extremitäten, schwer zu finden und können bei jedem Menschen an einer anderen Stelle sein.

Sie werden aber schmerzhafte Punkte an der oberen Ohrmuschel finden. Lassen Sie sich während der Suche und Behandlung sagen, ob die Schmerzen nachlassen. Dafür muß das Bein meistens nicht bewegt werden.

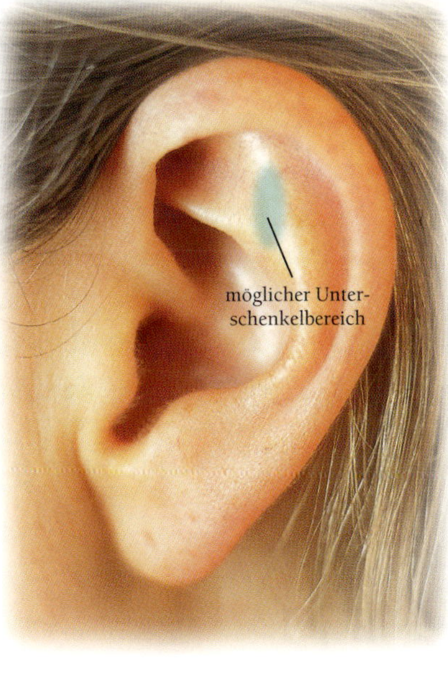

Schmerzstellen behandeln

Die Wade dürfen Sie mit der stumpfen Seite des Edelsteinstabs und einem Massageöl massieren, nicht aber das Schienbein.

Jede Massage einer schmerzenden Stelle muß als angenehm empfunden werden. Verwenden Sie ein Massageöl für Muskelerkrankungen.

Begleittherapie

Bei akuten Verletzungen muß die ersten beiden Tage mehrmals täglich gekühlt werden, danach ist meistens Wärme besser. Reiben Sie die Stelle mehrfach täglich mit dem Gelenk- oder Muskelöl ein.

Auch kann das homöopathische Mittel Arnica D12, stündlich 3 Globuli, hilfreich sein.

Gegen Wadenkrämpfe hilft Magnesium und gelegentlich auch Calcium, was aber in einem zeitlichen Abstand zueinander eingenommen werden sollte.

Venenentzündungen müssen gekühlt werden.

Sprunggelenkschmerzen

Bänderrisse, Zerrungen, Verstauchungen und Brüche passieren leider häufig im Sprunggelenk und müssen auch teilweise operiert werden. Egal was passiert ist, Sie können die Schmerzen mit einer gut durchgeführten Ohrakupressur lindern und die Heilung fördern. Leider sind die meisten Verletzungen in diesem Gelenk langwierig, Sie müssen also mehrere Behandlungen durchführen.

Bevorzugte Steine: Der Amethyst wirkt schmerzlindernd, und der Bergkristall hilft gegen Schwellungen. Der Heliotrop und der Rosenquarz fördern die Durchblutung.

Ohrakupressur

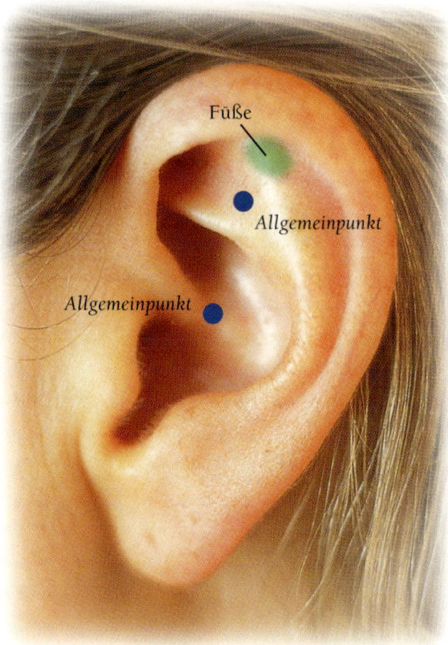

Suchen und behandeln Sie zuerst die beiden Allgemeinpunkte. Der eine liegt an der Spitze des Dreiecks im oberen Bereich, und den anderen finden Sie in der Mitte des Stegs.

Das Gelenk ist in der Ohrspitze und relativ einfach zu finden. Suchen Sie die Punkte und lassen Sie möglichst während der Behandlung immer mal wieder den Fuß bewegen. Wenn die Schmerzen während einer Behandlung nachlassen, verweilen Sie auf dem Punkt, bis keine weitere Besserung eintritt. Gerade beim Fuß läßt sich das gut machen.

Chronische Gelenkprobleme erfordern eine regelmäßige Behandlung zwei- bis dreimal in der Woche.

Begleittherapie

Verletzungen wie Bänderrisse und -dehnungen sowie Verstauchungen müssen die ersten beiden Tage mehrmals täglich gekühlt werden, danach ist meistens Wärme besser. Reiben Sie mehrfach täglich das Fußgelenk mit dem Gelenköl ein.

Bei akuten Verletzungen kann das homöopathische Mittel Arnica D12, stündlich 3 Globuli, hilfreich sein.

Fuß- und Zehenschmerzen

Sehr häufig, vor allem bei der älteren Mitmenschen, sorgt eine Arthrose im Großzehengrundgelenk für heftige Schmerzen. Ein sogenannter schmerzhafter Hammerzeh kommt auch oft vor. Dabei ist ein Zeh stark gebeugt. Ebenfalls schmerzhaft ist es, wenn der große Zeh deformiert ist. Manchmal passiert so etwas trotz des lebenslangen Tragens gesunder Schuhe.

Barfußlaufen ist gesund, außer man bleibt dabei am Tischbein hängen und bricht sich den kleinen Zeh!

Für eine Akupressur spielt aber die Ursache der Schmerzen in den Füßen und Zehen keine Rolle, Linderung wird sie trotzdem verschaffen.

Bevorzugte Steine: Der Amethyst wirkt schmerzlindernd, und der Bergkristall hilft gegen Schwellungen. Der Heliotrop und der Rosenquarz fördern die Durchblutung.

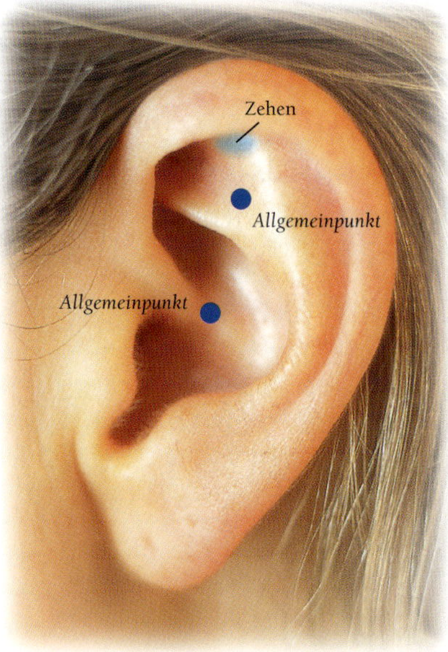

Ohrakupressur
Suchen und behandeln Sie zuerst die beiden Allgemeinpunkte. Der eine liegt an der Spitze des Dreiecks im oberen Bereich, und den anderen finden Sie in der Mitte des Stegs.

Die Zehen sind ganz oben im Ohr und gehen bis unter den Rand. Da sich der Rand aber leicht wegbiegen läßt, kommen Sie auch mit der Spitze des Edelsteinstabs dorthin.

Fußreflexzonen-Massage

Gerade bei Arthrose kann es im Sinne der ganzheitlichen Therapie sehr hilfreich sein, den ganzen Körper regelmäßig an beiden Fußsohlen zu behandeln. Suchen Sie vor allem nach schmerzempfindlichen Stellen. Behandelt wird mit der stumpfen Seite des Edelsteinstabs.

Begleittherapie

Täglich 3 Tassen Brennesseltee wirken entschlackend. Langfristig kann ein Teufelskrallenpräparat lindern.

Akute Verletzungen, müssen die ersten beiden Tage mehrmals täglich gekühlt werden, danach ist Wärme meistens besser. Reiben Sie die Zehen mehrfach täglich mit dem Muskel- und Gelenköl ein.

Bei akuten Verletzungen kann das homöopathische Mittel Arnica D12, stündlich 3 Globuli, hilfreich sein.

Anhang

Das tut dem ganzen Körper gut

Langfristig ist es für den ganzen Körper gesund, einmal wöchentlich entweder eine Ohrakupressur oder eine Fußreflexzonenmasse durchzuführen. In beiden Fällen werden alle schmerzempfindlichen Stellen behandelt.

Ebenso gesund ist eine Massage aller Reflexzonen am Rücken. Sie kann auch gut kombiniert werden – vorzugsweise mit der Ohrakupressur.

Ein Multivitaminpräparat gleicht einen möglicherweise bestehenden Mangel aus.

Natürlich sollte täglich ausreichend Wasser getrunken werden. Selbstverständlich gehört auch eine gesunde, vollwertige Ernährung dazu.

Register

Sie finden unsere Bücher in Ihrer Buchhandlung oder im Internet unter **www.neueerde.de**

Bücher suchen unter: **www.buchhandel.de**. (Hier finden Sie alle lieferbaren Bücher und eine Bestellmöglichkeit über eine Buchhandlung Ihrer Wahl.)

Bitte fordern Sie unser Gesamtverzeichnis an unter

NEUE ERDE Verlag
Cecilienstr. 29 · D-66111 Saarbrücken
Fax: 0681 390 41 02 · info@neueerde.de

NEUE ERDE